Reise durch

ÄGYPTEN

Bilder von
Axel Krause

Texte von
Georg Schwikart

Stürtz

Erste Seite:
Der Nil ist auch heute noch eine wichtige Verkehrsstraße – hier ein nubischer Feluken-Schiffer bei Assuan.

Vorherige Seite:
Zwei der vier kolossalen Statuen Ramses' II. am Großen Felsentempel von Abu Simbel. Sie blicken nach Osten, der aufgehenden Sonne entgegen. Allabendlich werden sie von Scheinwerfern angestrahlt.

Unten:
Auf dem Kamelmarkt von Daraw wird eifrig um den Kaufpreis gefeilscht.

Seite 10/11:
500 Kilometer westlich vom Nil, nahe der libyschen Grenze, liegt die Oase Siwa, von etwa 23 000 Menschen bewohnt. Hier fällt der Blick auf die mittelalterliche Festungsruine von Shali, die 1203 gegründet wurde.

Inhalt

Begegnung mit Ägypten, dem Geschenk des Nils

Ägypten, mehr als zweitausend Kilometer von Deutschland entfernt, ist ein fester Bestandteil unserer Vorstellung von dieser Welt. Auch wer noch nie dort war, hat Bilder davon im Kopf: die Pyramiden – schon in der Antike als eines der Sieben Weltwunder bestaunt – oder die Sphinx; Kamele und Fellachen, den Nil zwischen Palmen, Tempeln und Wüstensand; die Maske des Tutanchamun oder die schöne Königin Nofretete. Als malerische Kulisse für gelungene Unterhaltung dient Ägypten bis auf den heutigen Tag: Shakespeares Drama »Antonius und Kleopatra«, Verdis Oper »Aida«, Abenteuergeschichten und Monumentalfilme, der Krimi »Tod auf dem Nil« von Agatha Christie – alle profitieren vom Flair des Geheimnisvollen, Märchenhaften, das sich Ägypten bis heute bewahrt hat. Dass es dort auch eine eigene literarische Szene gibt, hat man eigentlich erst wahrgenommen, als 1988 mit Nagib Machfus der erste Ägypter den Literaturnobelpreis erhielt.

Der griechische Historiker Herodot (um 484 bis 420 vor Christus) prägte einst das geflügelte Wort, Ägypten sei das »Geschenk des Nils«. Die alten Ägypter selbst nannten es »Kemet«, Schwarzland, nach der Farbe des Schlamms, den der Strom alljährlich zur Hochwasserperiode mitbrachte, bis in den Sechzigerjahren des 20. Jahrhunderts der Nasser-Stausee angelegt wurde. Das Flusstal, oft kaum breiter als fünfundzwanzig Kilometer, erscheint im Satellitenbild als ein schmales grünes Band, das sich zwischen endlosen Wüsten windet und schließlich an der Mittelmeerküste zum Delta auffächert. Die außergewöhnliche Fruchtbarkeit dieses bewohnbaren Streifens reichte aus, um Ägypten einst zur Kornkammer des römischen Imperiums zu machen.

Die Bibel erzählt von Ägypten: Das Volk Israel sei während einer Hungersnot nach Ägypten gezogen und habe dort mit der Zeit einen höheren Bevölkerungsanteil eingenommen als die Ägypter. Daraufhin wurden die Israeliten versklavt. Mose sollte sein Volk in die Freiheit führen. Weil man am Nil ungern die billigen Arbeitskräfte ziehen lassen wollte, quälte Gott die Ägypter mit Naturkatastrophen, Unge-

ziefer und Seuchen. Am Ende ließ er die Armee des Pharao, die den flüchtenden Israeliten nachjagte, in den Fluten des Schilfmeers untergehen. Das Volk Israel zog daraufhin vierzig Jahre lang durch die Wüste Sinai. Auf dem Berg Horeb im Sinai-Gebirge soll Mose von Gott die Zehn Gebote erhalten haben. Was Literaten und Wissenschaftler der verschiedensten Disziplinen seither über Ägypten, den ersten Staat in der Menschheitsgeschichte, geschrieben haben, füllt ganze Bibliotheken.

Ägypten ist seit dem 19. Jahrhundert beliebtes Ziel von bildungshungrigen Reisenden. Mit der Besichtigung von Museen und Ausgrabungsstätten könnte man ein Leben verbringen. Seit einigen Jahren ist Ägypten auch ein Geheimtipp für Freunde des Tauchsports: Hurghada am Roten Meer hat sich vom verschlafenen Fischerdorf zum internationalen Ferienzentrum entwickelt, das über Direktflüge mit den europäischen Metropolen verbunden ist. Im kristallklaren Wasser bezaubert die Schönheit der Korallenriffe. Auch in Sharm El-Sheikh, unweit der Südspitze des Sinai, ist das Baden und Schnorcheln ein Vergnügen. Wer das herbe Abenteuer mag, kann eine Off-Road-Tour unternehmen oder auf dem Kamel durch die Wüste reiten; wer es gepflegt und nostalgisch schätzt, für den empfiehlt sich eine Nilkreuzfahrt oder der Aufenthalt in einem jener Hotelpaläste in Assuan oder Luxor, in denen der Geist der Belle Epoque weiterlebt. Dieses Land hält für jeden etwas bereit. Was Ägypten zu bieten hat, kann nirgendwo sonst auf der Welt erlebt werden.

Ägypten – ein Land der Mythen

Wie viele andere Völker waren auch die frühen Ägypter überzeugt, ihr Land sei das erste der Welt gewesen und ihre Menschen hätten als Erste die Erde bevölkert. Von Ägypten aus sei das ursprüngliche Chaos der Schöpfung zu einem geordneten Kosmos geworden; davon erzählen verschiedene Mythen. Jede größere Ansiedlung hatte ihre eigene Entstehungssage: Aus den Urgewässern sei ein Erdhügel aufgetaucht, oder auch eine Lotosblume, oder ein Ei. Der Schöpfungsmythos von Heliopolis erzählt: Am Anfang tauchte der Gott Atum aus den Wassern des Chaos auf, den man später mit dem Sonnengott Re und der aufgehenden Sonne Chepri gleichsetzte. Dieser Gott schuf ein erstes Götterpaar, er gebar den Sohn Schu, die Luft, und die Tochter Tefnut, die Feuchtigkeit. Diese beiden wurden die Eltern eines weiteren Paares, des Gottes Geb, der Erde, und der Göttin Nut, des Himmels.

Die Sphingenallee am Tempel von Luxor ist heute zum Teil freigelegt und führte einst von diesem Tempel zum Großen Tempel von Karnak, der etwa 3 Kilometer nördlich gelegen ist.

Nun glaubt heute niemand mehr an alte Schöpfungslegenden. Doch auch, was zwischen Himmel und Erde vor langer Zeit wirklich geschah, erscheint uns wie eine Sage: Nach dem Ende der letzten Eiszeit zogen sich die Eismassen zurück, bis sie vor etwa 6000 Jahren ihre heutige Ausdehnung erreichten. Das Klima zu dieser Zeit war milder als heute, der Sommer auf der Nordhalbkugel in vielen Regionen wärmer, und insbesondere Nordafrika war deutlich regenreicher. Damals war der Tschadsee ein großes Binnenmeer, mehr als zwölfmal so groß wie heute, und die heutige Sahara eine grüne Landschaft. Steinzeitmenschen lebten dort als Sammler und Jäger und hinterließen uns Felszeichnungen von Giraffen und Löwen, Gazellen und Elefanten. Schwankungen in der Erdbahn und in der Neigung der Erdachse führten etwa 5000 Jahre vor Christus zu einem Temperaturanstieg. Die gravierende Klimaveränderung ließ Nordafrika vertrocknen. Leben war nur noch möglich, wo genügend Wasser zur Verfügung stand – entlang des Nils. Der Nil zählt von seinem Quellfluss Kagera im heutigen Ruanda und Burundi bis zu seinem Delta, das ins Mittelmeer mündet, etwa 6695 Kilometer. Er ist damit der längste Strom der Erde. Seine jährliche Überschwemmung von Mitte Juni bis November erreichte im September den Höchststand. Wenn sich das Wasser wieder zurückzog, ließ der Strom in den Uferregionen fruchtbaren Schlamm zurück. Seit die Menschen sesshaft wurden, nutzten sie das Niltal für die Landwirtschaft. Das Nilhochwasser verhieß sorgenfreie Fülle. Der Wasserstand schwankte jährlich um etwa sieben Meter. Wehe aber, er stieg zu hoch oder blieb zu niedrig. Deswegen wurde den Ägyptern das rechte Maß so wichtig. Und sie beteten zu den Göttern, dass die Schöpfung ihre Ordnung bewahre.

Noch immer ist der Nil Garant für gute Ernten, heute sind es bis zu vier im Jahr. An seinen Ufern wachsen Weizen, Baumwolle, Mais, Reis, Gerste, Hirse, Tabak, Zuckerrohr, Ölbäume, Bohnen, Zwiebeln, Früchte aller Art und Wein. Schon im Jahr 1902 hatte man bei Assuan einen Staudamm errichtet. Zwischen 1960 und 1970 erbaute man zur Regulierung des Nilwasserstands den fünf Kilometer langen Assuan-Hochdamm. Der dadurch entstandene

Nasser-Stausee ist mit 550 Kilometer Länge und 5000 Quadratkilometern Fläche der achtgrößte Stausee der Welt. Die Felsentempel von Abu Simbel, die in seinen Fluten unterzugehen drohten, wurden in einer von der UNESCO initiierten internationalen Rettungsaktion abgebaut und 180 Meter landeinwärts wieder errichtet. Die Ackerfläche Ägyptens konnte durch den Staudamm um 7500 Quadratkilometer erweitert werden, außerdem ist der Nil seither ganzjährig schiffbar und die angeschlossenen Kraftwerke erzeugen Energie. Doch die moderne Technik bringt auch Nachteile mit sich: Da keine Überschwemmungen mehr fruchtbaren Nilschlamm mitbringen, muss heutzutage künstlich gedüngt werden. Der Boden versalzt, und die Erträge der Nilfischer gehen zurück, weil das Nilwasser nährstoffärmer geworden ist.

Das größte Freilichtmuseum der Welt

Wie an einer Perlenkette sind entlang des Nils jene Sehenswürdigkeiten aufgereiht, die Ägypten weltberühmt gemacht haben: angefangen mit Abu Simbel in Nubien, über Elephantine, Edfu, Theben, das Tal der Könige, Karnak, Memphis, Sakkara, bis Gizeh, um nur einige zu nennen. Was uns heute so zusammengehörig wie ein einziges, riesiges Freilichtmuseum erscheint, ist das Ergebnis einer vieltausendjährigen, wechselvollen Geschichte.

Im Jahre 285 vor Christus schrieb der ägyptische Priester und Historiker Manetho für Ptolemaios I., den ersten griechischen Herrscher Ägyptens, die Geschichte des Landes auf. Als Reichsgründer um 3000 vor Christus gilt Pharao Menes, dem es gelang, Ober- und Unterägypten zu vereinigen. Schon damals herrschte in den Städten und Gebieten, die den neuen Staat bildeten, eine blühende Kultur. Man beherrschte die Kunst des Bauens, besaß Kenntnisse der Mathematik, Geologie und Medizin, hatte die Verwaltung organisiert und verehrte an jedem Ort lokale Gottheiten. Wenn auch heute manche der Datierungen des Manetho als ungenau bezeichnet werden müssen, so hat man sich im allgemeinen doch seiner Zählweise angeschlossen. Er teilte die Geschichte Ägyptens in drei Reiche auf: Das Alte Reich (3. bis 6. Dynastie, ca. 2686 bis 2181 vor Christus), das Mittlere Reich (11. bis 14. Dynastie, 2055 bis 1650 vor Christus) und das Neue Reich (18. bis 20. Dynastie, 1550 bis 1069 vor Christus). Die Zeiten, in denen die Einheit Ägyptens verloren ging, das Reich zerfiel oder von fremden Machthabern beherrscht wurde, gelten als »Zwischenzeiten«.

Altstadtmarkt in El Kharga. Die Oase Kharga liegt 200 Kilometer westlich von Luxor und ist mit dem Niltal auch durch eine Bahnlinie verbunden.

Uns Menschen des 21. Jahrhunderts scheint schon der Erste Weltkrieg lange her zu sein, mehr noch die Erfindung der Dampfmaschine, die Entdeckung Amerikas oder gar die Krönung Karls des Großen im Jahr 800 nach Christus. Der zeitliche Abstand Manethos zu König Menes beträgt aber etwa 700 Jahre mehr als der von Papst Benedikt XVI. zu Jesus. Die großen Pyramiden von Gizeh stammen aus der 4. Dynastie, sie sind rund 4500 Jahre alt. Als sie erbaut wurden, gab es in Ägypten noch nicht einmal Kamele. Diese gelangten erst etwa tausend Jahre später ins Land. Zur Zeit von Tutanchamun waren die Pyramiden von Gizeh schon etwa 1300 Jahre alt. Und von Ramses II. bis zu Kleopatra verstrichen so viele Jahrhunderte wie von Karl dem Großen bis zur Einführung des Euro.

Von Alexander dem Großen im 3. Jahrhundert vor Christus unterworfen, verlor Ägypten auf lange Zeit seine Unabhängigkeit. Es geriet zunächst unter griechische Herrschaft. Durch Kaiser Augustus, den wir aus der Weihnachtsgeschichte des Lukasevangeliums kennen, wurde Ägypten im Jahr 30 vor Christus römische Provinz. Die erste christliche Gemeinde entstand im 2. Jahrhundert in der griechisch-römisch geprägten Stadt Alexandria. Im 3. und 4. Jahrhundert breitete sich das Christentum zunächst entlang des Nilstroms und später auch im Deltagebiet aus. Nachdem es im Jahr 391 nach Christus zur römischen Staatsreligion geworden war, wurde die Ausübung aller nichtchristlichen Bräuche verboten. Wo die einheimische Bevölkerung besonders zäh an ihrem traditionellen Glauben festhielt, wurden die Kultstätten verwüstet und ihre »Götzenbilder« zerschlagen.

Die Teilung des Römischen Reichs in einen ost- und einen weströmischen Teil im Jahr 395 markiert auch das Ende der altägyptischen Geschichte. Ab 642 nach Christus wurde Ägypten durch die Eroberungen des arabischen Feldherrn Amr Ibn el-As islamisiert. Die Herrscher wechselten fortan, alle aber plünderten den Reichtum des Landes. Fast dreihundert Jahre lang war Ägypten als Provinz dem Osmanischen Reich einverleibt. Im Lauf der Jahrhunderte verschwanden die gewaltigen Tempel und Statuen unter dem Flugsand, und von der großen

Sphinx von Gizeh ragte nur noch der Kopf aus dem Sand. Generäle und Herrscher hatten indes seit jeher eine besondere Vorliebe für Obelisken gezeigt: Schon seit der Zeitenwende wurden diese als Trophäen und Souvenirs vereinnahmt. Allein in Rom stehen zwölf, und je einer in Istanbul, Paris, London und New York.

Wiederentdeckungen im 17. und 18. Jahrhundert

Im 17. und 18. Jahrhundert interessierten sich europäische Gelehrte zunehmend für Ägypten. Am Ende des 18. Jahrhunderts versuchte Frankreich, durch die Eroberung Ägyptens die Verbindung zwischen England und Indien zu durchtrennen. Napoleon besiegte bei den Pyramiden 1798 die Mamelucken und soll den legendären, wenngleich nirgends belegten Satz gesprochen haben: »Soldaten, bedenkt, dass vier Jahrtausende von diesen Pyramiden auf euch herabblicken!« Im Tross der Militärs befanden sich mehr als 150 Wissenschaftler, die »Kommission für Wissenschaft und Kunst«. Sie hätten eigentlich den Nil vermessen und das eroberte Land kartografieren sollen, interessierten sich aber viel mehr für die antiken Funde. Ein Ingenieur aus Napoleons Armee entdeckte beim Bau einer Befestigung den Stein von Rosette, der viele Jahre später die Entschlüsselung der Hieroglyphen ermöglichte. Damit begann eine neue Wissenschaft: die Ägyptologie.

Diese Wiederentdeckung begründete eine Mode, die alle Lebensbereiche umfasste. Architektur, Möbel, Porzellan, Schmuck und Kitsch wurden im orientalistischen Stil entworfen oder mit ägyptischen Ornamenten bestückt, mit Sphingen, Palmblättern, Pyramiden, Lotosblüten, Obelisken und Skarabäen. Die »Ägyptomanie«, die durch die Entdeckung des Grabes von Tutanchamun 1922 einen weiteren Höhepunkt erreichte, dauert an: Wenn ein Bauwerk eine besondere Note bekommen soll, macht sich die Pyramidenform immer noch ausgezeichnet, wie beim Louvre in Paris. Die Büste der Nofretete oder die Maske des Tutanchamun zieren Halsketten, Bettwäsche und Kaffeebecher. Durch die französischen Entdeckungen wurde Ägypten im 19. Jahrhundert zu einem bevorzugten Reiseland von wohlhabenden Bildungsbürgern, Literaten und Künstlern aus Europa und Übersee. Der französische Dichter Gustave Flaubert, der 1849 die Pyramide des Chephren besichtigte, schrieb verärgert in sein Reisetagebuch: »Die Zahl der an die Wände geschmierten Namen irgendwelcher Idioten macht einen ganz konfus.«

Der schwierige Weg in die Gegenwart

Zurück zur historischen Entwicklung: Das französische Intermezzo währte nur kurz. In der Seeschlacht von Abukir wurde Napoleon 1799 von den Briten besiegt, die 1801 die Herrschaft über Ägypten übernahmen. Napoleons Kommission musste die gesammelten Kunstschätze abgeben; sie gelangten ins Britische Museum. Die Briten wurden 1805 wieder aus dem Land vertrieben. Mit der türkischen Armee kam Mohammed Ali ins Land und übernahm 1805 die Regierung als Pascha von Ägypten. Seine Nachfolger bemühten sich weiter, Ägypten zu modernisieren und zu industrialisieren, gerieten jedoch dabei in unheilbare internationale Verschuldung.

Zwischen 1859 und 1869 wurde der Suezkanal erbaut, der der internationalen Schifffahrt zwischen Europa und Asien den etwa 20 Reisetage beanspruchenden Seeweg um den afrikanischen Kontinent herum erspart. 14 Prozent des Welthandels gehen durch dieses Nadelöhr. 1875 musste Ismail Pascha den ägyptischen Anteil an den Suezkanal-Aktien England überlassen. Frankreich und England übernahmen die Kontrolle der ägyptischen Staatsfinanzen. Wegen dieser Demütigung kam es 1881 zum Aufstand einer Gruppe von Offizieren, worauf die Briten 1882 intervenierten und das Land erneut besetzten. 1914 wurde Ägypten zum britischen Protektorat erklärt. Bis nach dem Zweiten Weltkrieg blieb es faktisch von Großbritannien besetzt, obwohl die Oberhoheit des Osmanischen Reichs bis 1914 formell weiterbestand und die Dynastie Mohammed Alis auf dem Thron blieb.

1922 erklärte Ägypten unter König Ahmed Fuad seine Unabhängigkeit. Im Jahr 1923 gab sich das Land eine neue Verfassung und wurde zur konstitutionellen Erbmonarchie. Aufgrund eines unter König Faruk I. abgeschlossenen britisch-ägyptischen Bündnisvertrags von 1936 wurde die britische militärische Besatzung immerhin auf die Suezkanalzone beschränkt. Die ägyptische Armee beteiligte sich im Zweiten Weltkrieg nicht an den Kämpfen, jedoch zog sie 1948 zusammen mit anderen arabischen Armeen gegen den neuen Staat Israel zu Feld

und wurde in die arabische Niederlage verwickelt. Beim Waffenstillstand im Februar 1949 übernahm Ägypten die Verwaltung des Gazastreifens.

Nach einem Militärputsch im Jahre 1952 wurde König Faruk zur Abdankung gezwungen. Am 18. Juni 1953 wurde die Republik Ägypten proklamiert. 1954 übernahm Gamal Abd el Nasser das Präsidentenamt. Eine Bodenreform wurde eingeleitet und ein Teil der Wirtschaft verstaatlicht. Die Frauen erhielten das Stimmrecht. Jedoch gewannen die Einheitspartei ASU (Arabische Sozialistische Union) und das Parlament kein politisches Gewicht. Ägypten blieb ein bürokratisch regiertes Land mit militärischer Spitze. Aufgrund eines Abkommens von 1954 verließen die letzten britischen Truppen im Juni 1956 die Kanalzone.

Vom Tag der Staatsgründung Israels im Jahr 1948 an war das Verhältnis zu Ägypten gespannt. Vier Kriege entzweiten die Nachbarn. Die Sinai-Halbinsel wurde mehrmals von Israel erobert, zuletzt vom Sechs-Tage-Krieg 1967 bis zum Friedensabkommen. Und doch war Ägypten das erste arabische Land, das nach langwierigen Verhandlungen unter US-amerikanischer Moderation mit Israel Frieden schloss. Dafür erhielten Ägyptens Präsident Mohamed Anwar el-Sadat und Israels Präsident Menachem Begin 1978 den Friedensnobelpreis. Seit dem Abschluss des Friedensvertrags 1979 unterhält Ägypten volle diplomatische Beziehungen mit Israel; der Sinai wurde an Ägypten zurückgegeben, israelische Schiffe haben freie Durchfahrt durch den Suezkanal. Sadat aber fiel 1981 einem fanatischen Attentäter zum Opfer.

Ägypten heute

Heute versteht sich Ägypten als ein Schmelztiegel von arabischen und afrikanischen Einflüssen, als eine Brücke zum Westen, als Land auf dem Sprung. Mehr als drei Viertel des Staatsgebietes von etwa einer Million Quadratkilometern sind Wüste; auf dem Rest scharen sich 78 Millionen Menschen zusammen. Die Bevölkerung der Hauptstadt Kairo, El Qâhira, kann niemand zählen. Ob es inzwischen 16, 20 oder noch mehr Millionen sind, ist nicht bekannt.

Industrie, Handel und Tourismus bewahren das Land vor Verarmung. Doch die wirtschaftlichen Probleme sind erheblich: Arbeitslosigkeit und Inflation liegen weit über dem europäischen Durchschnitt, die Säuglingssterblichkeit ist dreißigmal so hoch wie in Deutschland.

Kamele sind allgegenwärtig in Ägypten – Kamelreiter bei Assuan in Nubien, an der ehemaligen Südgrenze des Alten Reiches.

Man schätzt, dass über 40 Prozent der Ägypter Analphabeten sind. Soziale Schwierigkeiten sind der Nährboden für politischen Extremismus. Aus der Gruppe der Chancenlosen rekrutieren sich denn auch die Kämpfer der islamisch-fundamentalistischen Bewegungen, die das vergleichsweise laizistische und verwestlichte System stürzen und einen Gottesstaat errichten wollen. Die mitunter terroristisch agierenden Gruppen könnte man als Randerscheinung abtun, doch als 1997 fünfzig Touristen bei einem Attentat in Luxor ums Leben kamen und weitere Anschläge in den Jahren 2004 bis 2006 erfolgten, wurde offensichtlich, wie groß ihr Einfluss werden kann.

Natürlich sind die wenigsten Muslime eines gefährlichen Fundamentalismus zu verdächtigen. Der Islam hat das Land wieder zu kultureller Blüte erstarken lassen. Die künstlerisch hochstehenden Moscheen und Paläste zeugen davon, und die islamische Universität Al Azhar zu Kairo genießt weltweit einen guten Ruf. Vergessen sollte man auch nicht die religiösen Minderheiten, allen voran die koptischen Christen, deren Anteil an der Gesamtbevölkerung zwischen 5 und 8 Prozent ausmacht. Ihr Oberhaupt nennt sich übrigens, wie der Kollege in Rom, »Papst«. Auch Juden und einige wenige griechisch-orthodoxe, katholische und evangelische Christen leben in Ägypten.

Zeitlose Faszination Ägypten

Herodot, jener bereits erwähnte griechische Gelehrte, Weltreisende und Historiker aus Kleinasien, der um 450 vor Christus das Land am Nil besuchte, besichtigte die Sehenswürdigkeiten und beobachtete den Alltag der einfachen Leute. Einige Wissenschaftler nennen ihn den »Vater der Geschichte«, andere den »Vater der Lüge«. Viele seiner Informationen soll er von ägyptischen Priestern erhalten haben, die in untergeordneter Stellung lebten und sich endlich einmal wichtig genommen fühlten, als sie vor einem leicht zu beeindruckenden Klatschkolumnisten ihre halbwahren Geschichten ausbreiten konnten. Dennoch wurde vieles, was Herodot in seinen »Historien« niederschrieb, inzwischen wissenschaftlich erhärtet. Herodot fiel das »Anderssein« der Ägypter auf, also alles, was sie von Griechen und Römern unterschied: »Die Priester tragen anderswo

langes Haar, in Ägypten aber rasieren sie es sich ab. Bei den anderen Menschen besteht der Brauch, dass bei Trauer diejenigen den Kopf geschoren tragen, die es am meisten angeht; die Ägypter aber lassen sich bei Todesfällen sowohl auf dem Kopf als auch am Kinn die Haare wachsen, die bis dahin geschnitten waren. Das Leben der anderen Menschen ist von dem der Tiere getrennt, die Ägypter aber leben mit den Tieren zusammen. Die anderen leben von Weizen und Gerste, von den Ägyptern aber muss sich jeder schämen, der sich hiervon ernährt. Sie bereiten sich von Dinkel, den andere Spelt nennen, Brot. Den Teig kneten sie mit den Füßen, den Lehm aber mit den Händen, mit denen sie auch den Mist aufsammeln. Die Geschlechtsteile lassen die anderen wie sie sind; die Ägypter aber und die, es von ihnen gelernt haben, beschneiden sie.« Zumindest das Letztgenannte hat Bestand bis heute: Die männliche Beschneidung schreibt auch der Islam vor.

Ägypten hat sich seit Herodots Aufenthalt gründlich gewandelt, aber von seiner Faszination nichts verloren. Diese gründet sich auf atemberaubende Kunstwerke und grandiose Leistungen, aber auch auf die üppigen Schönheiten, die die Natur dort schenkt: das saftige Grün der Dattelhaine, das tiefblaue Wasser des Nils, glühendes Rot beim Sonnenuntergang in der Wüste. Die Ägypter von heute tragen ihr gewichtiges kulturelles Erbe mit Fassung. Sie wirken – allen Widrigkeiten ihres Daseins zum Trotz – auffällig gelassen. Vielleicht schlummert in ihnen die jahrtausendealte Weisheit ihrer Ahnen.

Im Grab des Neferhotep bei Theben fand man die folgende Inschrift, das Lied eines Harfenspielers:

»Mache den Tag zu einem Fest …
Vergiss alles Übel, denke ans Glück.
Bis dass der Tag kommt, an dem du die Gestade der Stille erreichst.«

Seite 22/23:
Totenstadt in Kairo. Kairo besitzt vier islamische Friedhöfe und zwei Totenstädte – Nekropolen, die in der islamischen Welt einzigartig sind. Hier finden sich beeindruckende Zeugnisse islamischer Architektur.

Seite 24/25:
Der Tempel von Luxor liegt inmitten der modernen Stadt Luxor am östlichen Nilufer und wurde von zwei der größten Pharaonen erbaut, von Amenophis III. und Ramses II.

Alexandria, Kairo und das Nildelta

Das muslimische Gebet muss nicht in der Moschee vollzogen werden; es kann an jedem reinen Ort stattfinden, auch im Wüstensand. Kamelkarawane beim Morgengebet vor den Pyramiden von Gizeh.

Wie ein blaues Band zieht sich der Nil durch Ägypten. Er ist der Strom des Lebens: Wo er fließt, wohnen die Menschen, blühen Gärten und wächst Korn. Das Niltal, sein Delta und die Senke El Faiyum südwestlich von Kairo bilden die landwirtschaftlich nutzbaren Flächen des Landes. Kanäle bewässern Plantagen und Felder und versorgen Großstädte wie Kairo und Alexandria mit Trinkwasser. Reis-, Baumwoll- und Getreidefelder prägen die Landschaft des oberen Nils. Nur im Norden wird das Klima vom Mittelmeer beeinflusst, sonst ist es subtropisch-trocken. Außer in den Oasen zeigt sich die Vegetation nur am Nil grün und üppig. In dem flachen Ackerland des Nildeltas haben sich nur wenige Bauwerke der alten Hochkultur erhalten. Lediglich Erdhügel, Grundmauern und Säulenrümpfe sind von den alten Städten Buto, Mendes, Bubastis oder Pi-Ramesse übrig geblieben. Als Nachfolger der bedeutenden Orte des Altertums haben einzig Kairo und Alexandria überdauert. Alexandria, die »Perle des Mittelmeers«, ist heute eine vom 19. und 20. Jahrhundert geprägte Stadt, die Zeugnisse der glanzvollen Vergangenheit sind verschwunden, während in Kairo eine Fülle islamischer Architektur überdauert hat. Paläste, Moscheen, Brunnenanlagen und Museen von Weltrang wetteifern um die Gunst der Besucher. Dem Lauf der Zeit trotzten auch die Grabanlagen von Sakkara mit dem ältesten monumentalen Pyramidenbau Ägyptens, die Reste der alten Hauptstadt Memphis und die weltberühmten Pyramiden von Gizeh und Dashur.

Unten und rechts oben:
El Alamein, etwa 120 Kilometer westlich von Alexandria an der Mittelmeerküste gelegen, war im Zweiten Weltkrieg ein bedeutender Kriegsschauplatz. »El Alamein« bedeutet »Die beiden Welten«. Hier landete im Juli 1942 das Afrika-Korps unter Generalfeldmarschall Erwin Rommel. Zwischen dem 23. Oktober und dem 4. November 1942 fand die entscheidende Schlacht gegen die britischen Truppen unter Feldmarschall Montgomery statt. Das Vordringen der Deutschen nach Nordafrika konnte von den Briten unter großen Verlusten gestoppt werden. Mehrere Ehrenmale, eines davon 1957 nach dem Vorbild des Castel del Monte erbaut, erinnern an dieses Ereignis.

Rechts Mitte und unten:
Dieser erste alliierte Sieg markierte einen Wendepunkt des Zweiten Weltkrieges. Soldatenfriedhöfe und Gedenkstätten erinnern an das historische Geschehen. Der Jahrestag des Kriegsendes wird mit Kranzniederlegungen und Gedenkfeiern begangen.

Unten:
Strandfischer breiten ihr Netz an der Mittelmeerküste bei Port Said aus, nahe der Mündung des Suezkanals.

Ganz unten:
Fischerboote dümpeln malerisch im Idku-See, an der Mittelmeerküste zwischen Alexandria und Rosetta (heute Rashid)

gelegen. Vom Idku-See bis Rosetta erstreckt sich ein großer Palmenhain, wo verschiedene Arten besonders edler Datteln angebaut werden.

Links:
Ismailiya am fischreichen Timsah-See zwischen Suez und Port Said. Der Fischfang liegt in der Hand von Fischerfamilien, die eine eigene Zunft bilden.

Seite 32/33:
Der Osthafen von Alexandria mit der Silhouette der Abul Abbas el-Mursi-Moschee. Alexandria, 322/321 v. Chr. von Alexander dem Großen gegründet, entwickelte sich zur einer der größten

Städte des römischen Imperiums und zum geistigen Zentrum der hellenistischen Welt. In der Bibliothek wurde auf Hunderttausenden von Schriftrollen das Wissen der Antike aufbewahrt.

Oben:
Die Abul Abbas el-Mursi-Moschee in Alexandria im nächtlichen Scheinwerferlicht. Sie trägt den Namen eines islamischen Heiligen, der aus Andalusien stammte und im 13. Jahrhundert starb. Erbaut wurde sie erst zwischen 1928 und 1945 anstelle einer älteren Moschee. Ihr achteckiger Grundriss ist außergewöhnlich.

Rechts:
Nur wenige Spuren aus der Antike sind in Alexandria erhalten geblieben. Ausgrabungen an einer antiken Nekropole unter der Leitung des französischen Archäologen Jean-Yves Empereur, der durch seine Forschungen im Osthafen von Alexandria als »Unterwasserarchäologe« bekannt geworden ist.

Oben:
Fischerboote vor der Hafenfestung von Alexandria, dem Fort Qaitbay. Es steht auf der Nordspitze der ehemaligen Insel Pharos. Dort stand einst der legendäre Leuchtturm, der eines der Sieben Weltwunder der Antike war. Als er zwischen 1303 und 1326 vollends eingestürzt war, wurden seine Überreste für den Bau dieser Befestigungsanlage (um 1480) verwendet.

Links:
Im Griechisch-Römischen Museum von Alexandria. Es beherbergt etwa 50 000 Exponate aus der griechisch-römischen Antike, aber auch aus der pharaonischen und koptischen Zeit. Die meisten davon wurden bei Ausgrabungen im Stadtgebiet von Alexandria gefunden.

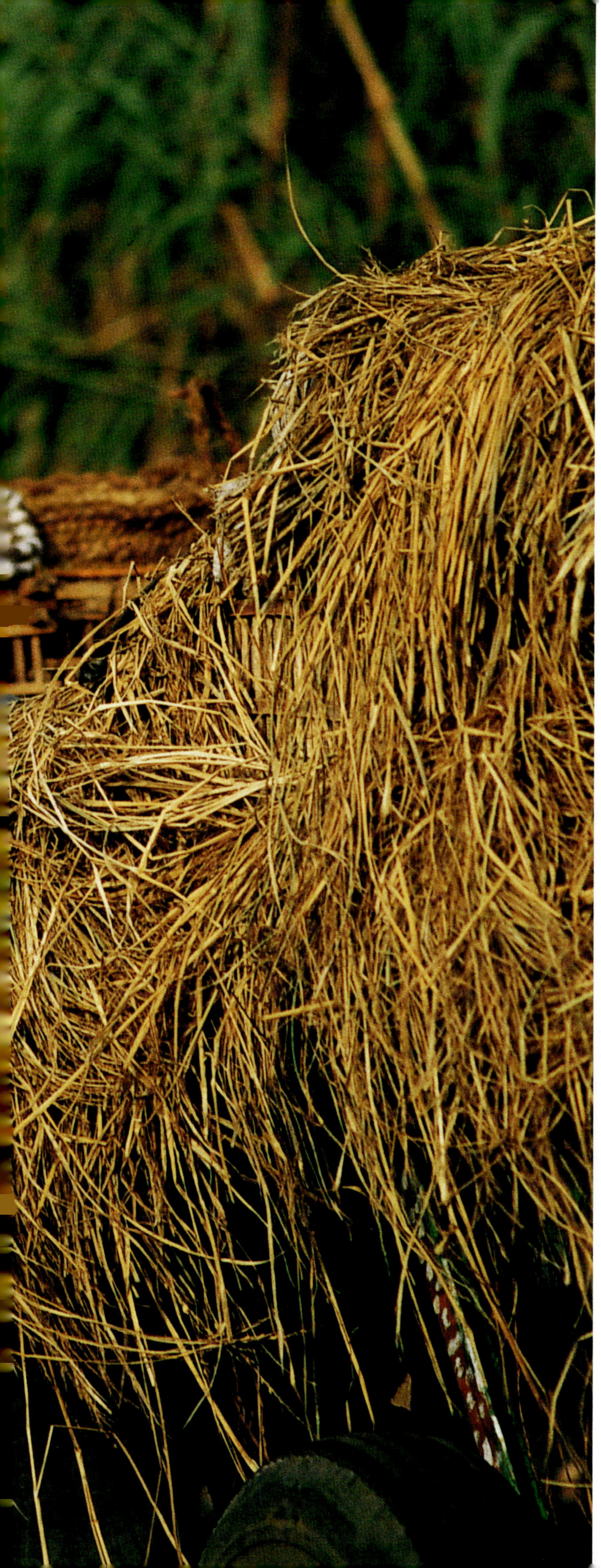

Unten:
Fellachen im Nildelta bei der Ernte. Das Mündungsgebiet des Stroms ist die einzige Region Ägyptens, in der größere Niederschläge auftreten. Im Sommer ist es sehr feucht, während in Oberägypten Dürre herrscht. So können mehrere Ernten pro Jahr eingebracht werden.

Ganz unten:
Von März bis November wird im Nildelta Reis angebaut. Der fruchtbare Nilschlamm, der sich früher im Delta ablagerte, wird heute durch den Staudamm bei Assuan zurückgehalten, was zur Erosion der Küste führt.

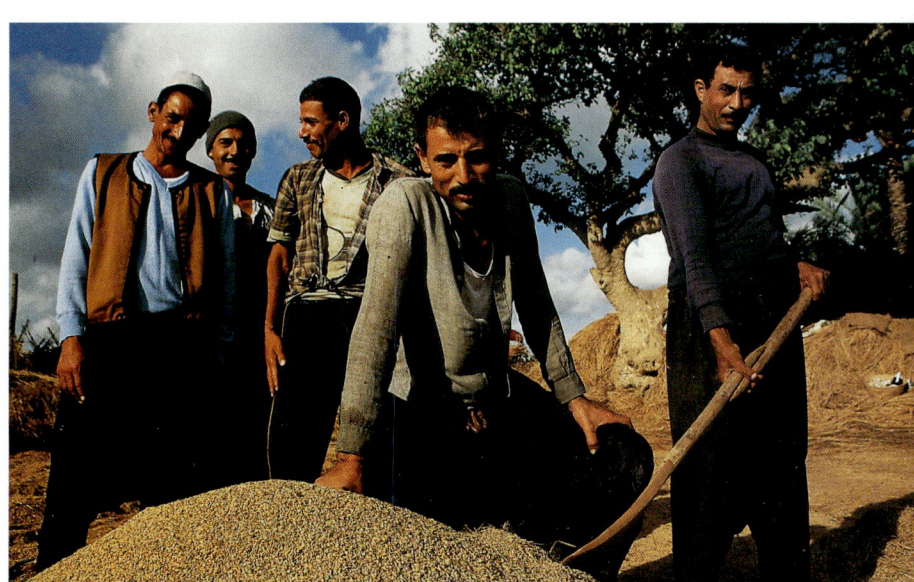

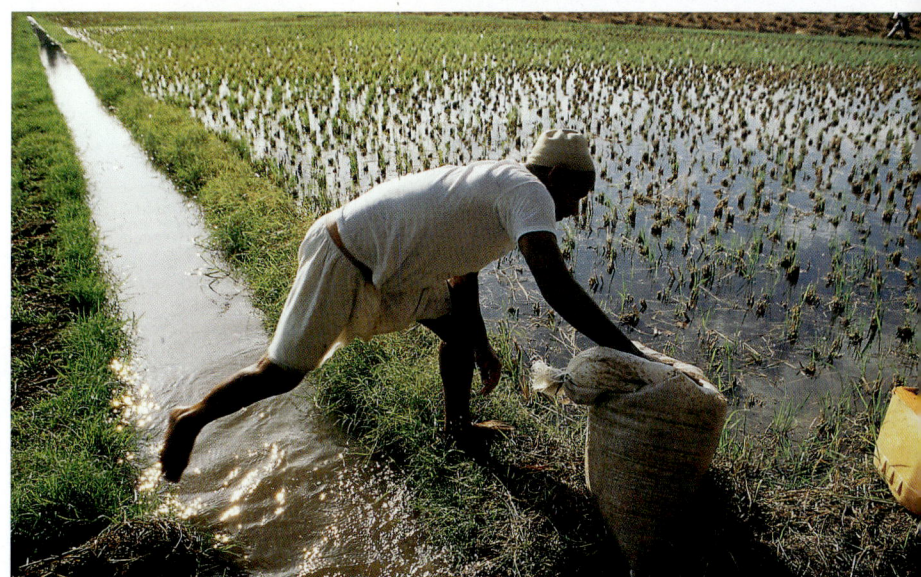

Links:
Bauern auf einer Landstraße im Nildelta zwischen Kairo und Alexandria. Die flache Landschaft mit endlosen Reis- und Baumwollfeldern, Lagunen und Seen wird intensiv landwirtschaftlich genutzt. Von den bedeutenden Orten des Altertums, wie Bubastis oder Pi-Ramesse, ist in diesem Landstrich kaum mehr übrig geblieben als ein paar Erdhügel.

Unten:

Die Minarette der Al-Azhar-Moschee in Kairo, die 971 gegründet wurde. Ihr ist auch eine weltberühmte islamische Universität angegliedert. Ihr Scheich gilt als die höchste theologische Autorität der ägyptischen Muslime. Zwei der Minarette darf man besteigen und die Aussicht genießen. Im Hintergrund erkennt man die Silhouette der Zitadelle von Kairo mit der Mohammed-Ali-Moschee.

Rechts:

Die Mohammed-Ali-Moschee in Kairo wurde in der Mitte des 19. Jahrhunderts anstelle eines Palastes erbaut, der durch eine Pulverexplosion zerstört worden war. Die Wände des Kuppelraumes sind mit Alabaster verkleidet, weshalb sie auch »Alabastermoschee« genannt wird.

Rechts:

Im Mausoleum des Sultan Qaitbay befindet sich auch ein Reliquienbehälter mit aus Mekka stammenden Fußabdrücken des Propheten Mohammed. Die Grabmoschee liegt in der Totenstadt von Kairo. Sie stammt aus der Mamelukenzeit (1418 – 1496) und gehört zu den schönsten islamischen Bauwerken Kairos.

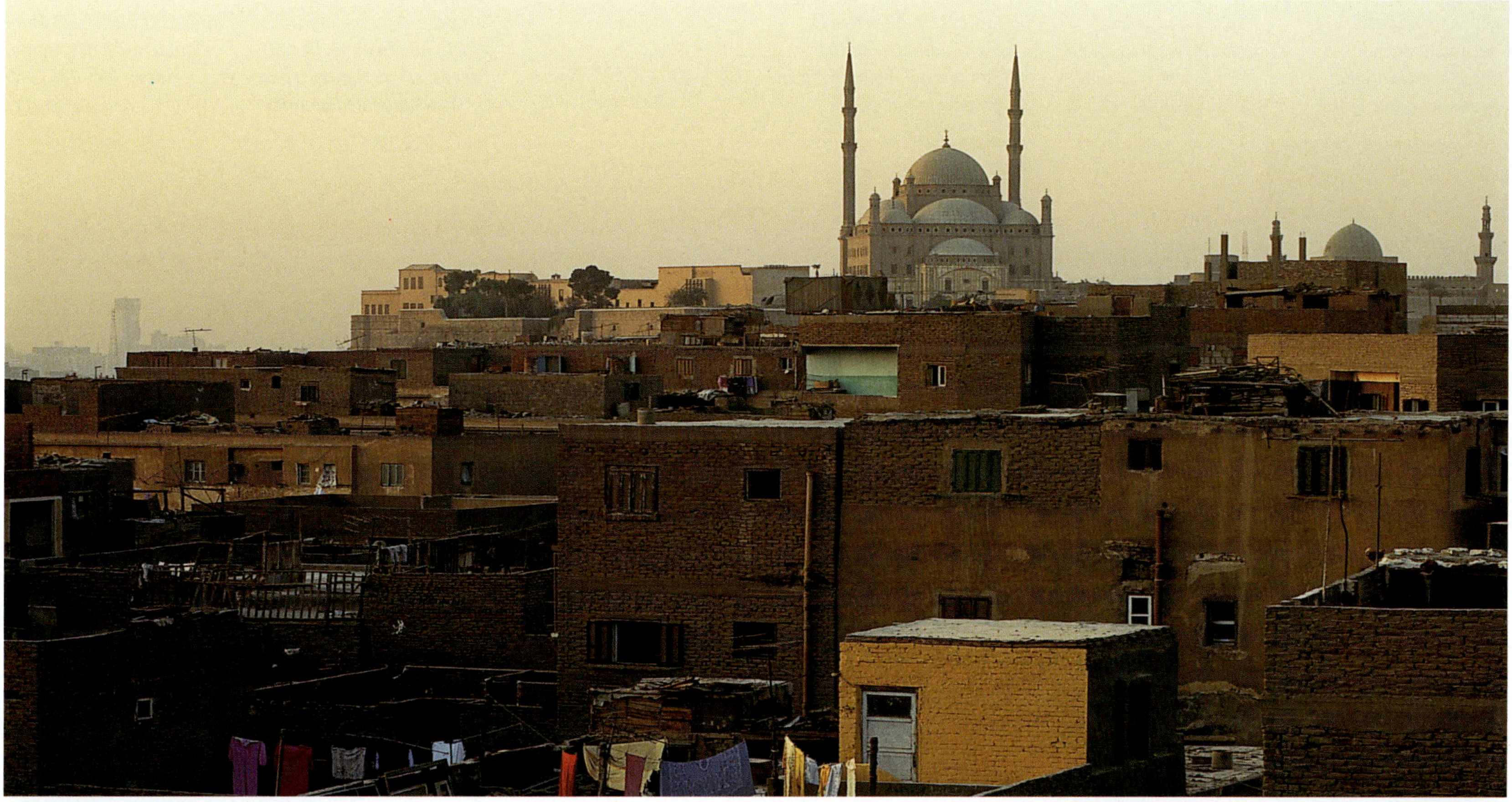

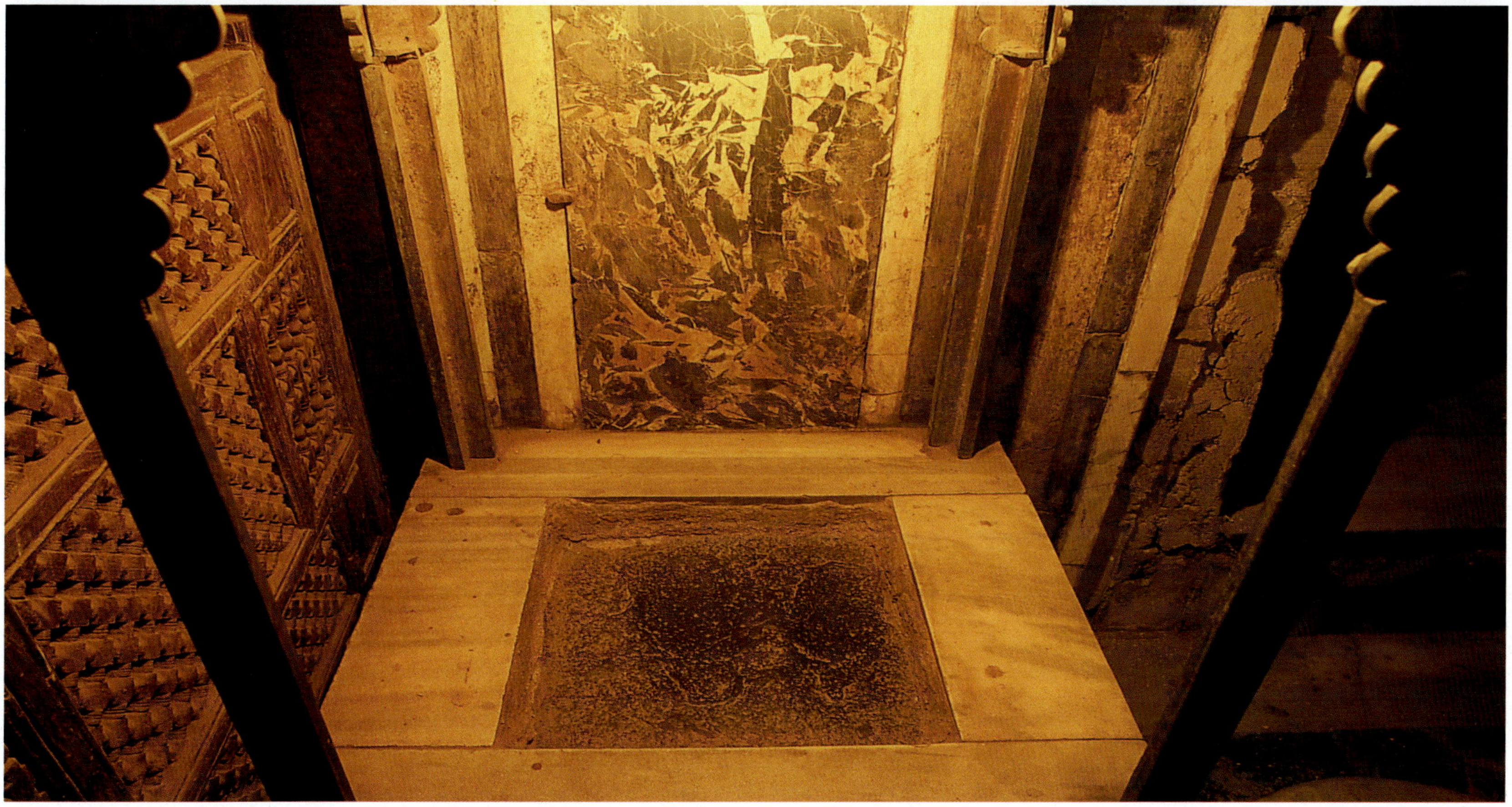

Rechts Mitte:
Freitagsgebet in der El-Hussein-Moschee in Kairo. Der Islam kennt keinen Wochenfeiertag wie den Sabbat oder Sonntag; das Gebet in der Moschee ist jedoch am Freitag ausführlicher als an den anderen Tagen. In Gesten und Gebärden wie Verneigen und Niederwerfen bekunden die Gläubigen, was »Islam« eigentlich bedeutet: Hingabe an Gott.

Rechts unten:
Gläubige beim Mulid-Fest an der El-Hussein-Moschee. Jede Region begeht ihr eigenes Heiligenfest; auch koptische Gemeinden feiern ihre »Mulid«-Feste, allerdings zu Ehren christlicher Heiliger.

Oben:
Die Madrasa-Moschee des Sultan Hasan (links im Bild) und die Rifai-Moschee in Kairo. Die Sultan-Hasan-Moschee liegt unterhalb der Zitadelle. Die Moschee wurde 1362, ein Jahr nach Hasans Hinrichtung eröffnet. Daneben die Er-Rifai-Moschee, erbaut 1869–1912, in welcher der letzte Schah des Iran, Mohammed Reza Pahlewi, bestattet ist.

Rechts:
Beim Morgengebet in der Ibn-Tulun-Moschee in Kairo, die bereits im 9. Jahrhundert erbaut wurde.

Links:

Säulenreihen im Innenhof der Ibn-Tulun-Moschee in Kairo. Sie ist das älteste islamische Bauwerk Ägyptens, das noch in seiner ursprünglichen Form erhalten ist. Der Innenhof hat eine Seitenlänge von 90 Metern.

Unten:

Die Ibn-Tulun-Moschee ist eine sogenannte Hofhallen-Moschee. Das Wohnhaus Mohammeds in Medina, das einen großen Innenhof mit gedeckten Stirnseiten besaß, gilt als erste Moschee der Welt. Es diente daher als architektonisches Vorbild für diesen Moscheentyp. Die große Kuppel in der Mitte überdacht das Brunnenhaus.

Unten:
Das Ägyptische Museum von Kairo wurde zwischen 1897 und 1901 erbaut. Es liegt am Verkehrsknotenpunkt Midan El-Tahrir (Tahrir-Platz) *und beherbergt mit über 120 000 Objekten die bedeutendste Sammlung ägyptischer Altertümer der Welt, vom Alten Reich bis zur Spätzeit.*

Links:

Im Obergeschoss des Ägyptischen Museums in Kairo sind die Fundstücke aus dem Grab des Tutanchamun ausgestellt, darunter die weltberühmte Goldmaske. Das Gebäude ist inzwischen für die gro-

ßen Sammlungen längst nicht mehr geräumig genug. Bei Gizeh entsteht daher ein Neubau, der bis 2010 fertiggestellt sein soll. Bereits 2002 legte Präsident Mubarak den Grundstein.

Seite 46/47:

Nicht umsonst wird das moderne Kairo am und um den Midan Talaat Harb auch das »Paris am Nil« genannt. In den von französischen und italienischen Architekten

erbauten neoklassizistischen Gebäuden sind heute Pensionen, Geschäfte und Restaurants untergebracht. Hier ist das kommerzielle Zentrum Kairos.

Links oben:
Kaffeehaus in der Nähe der El-Hussein-Moschee in Kairo, in dem fast nur Musiker verkehren. Vor allem am Vorabend großer religiöser Feste treten im Kaffeehaus Erzähler und Musiker auf.

Links Mitte:
Das Café Fishawi in Kairo war das Stammcafé von Nagib Machfus, der 1988 den Nobelpreis für Literatur erhielt. Dieses älteste Kaffeehaus von Kairo war schon zu Beginn des 20. Jahrhunderts Treffpunkt der Kairoer Künstler und Intellektuellen. Hier sind auch Frauen gern gesehene Gäste.

Links unten:
1650 gab es in Kairo bereits 650 Kaffeehäuser, heute sind es 5000. Das Kaffeehaus ist ein Mittelpunkt des gesellschaftlichen Lebens der Männer. Man trifft sich dort am Nachmittag und Abend, um stundenlang zu diskutieren, Domino oder Karten zu spielen, oder Backgammon, das hier »Tawla« heißt.

Unten:
Kaffeehäuser in Kairo – hier das Café Riche. Das Wort »qahwa«, »Kaffee«, ist eine alte arabische Bezeichnung für Wein. Dies verdeutlicht die Bedeutung des Kaffees als Ersatzrauschmittel anstelle von Alkohol, der gläubigen Muslimen verboten ist.

Links:
Das Ende des Fastenmonats Ramadan wird mit Tanz und Musik ausgelassen gefeiert.

TAFELFREUDEN AM NIL

Probieren lohnt sich! Die Küche Ägyptens ist geprägt von arabischen, türkischen und mediterranen Einflüssen. Sie neigt zu Extremen: sehr fett, sehr scharf, sehr süß, und zeichnet sich, wie es für die Küchen des Orients typisch ist, durch einen besonderen Reichtum an Gewürzen aus: Zwiebeln, Knoblauch, Pfeffer, Kümmel, Koriander, Safran, Muskat, Ingwer, Nelken, Zimt ...

Zu fast allen Speisen wird Fladenbrot gereicht, das man mit den Händen teilt und in die Speisen und Soßen eintunkt, zum Beispiel in »Tahina«, eine Sesamcreme, mit Öl, Kräutern und Knoblauch gewürzt, die oft als Vorspeise serviert wird. In Luxor und Assuan bekommt man häufig auch das nubische Sonnenbrot, eine Art Mischbrot, innen locker, außen knusprig. Neben den hierzulande bereits bekannten Speisen wie Falafel, Kebab und Tahina bietet die ägyptische Küche eine Reihe weiterer Köstlichkeiten. Nationalgerichte sind zum Beispiel »Ful«, das »Arme-Leute-Essen«, eine dicke Paste aus Saubohnen, die oft in Fladenbrot gefüllt wird. »Kushari« ist ein Gericht, das auf der Straße angeboten wird und aus Reis, Linsen oder Kichererbsen, Nudeln und Zwiebeln besteht. Auch Kartoffeln sind Grundnahrungsmittel. Gerne werden sie gebacken, aber auch gekocht und zu Salat verarbeitet, der mit Knoblauch und Zitrone abgeschmeckt wird.

Reichhaltige kulinarische Genüsse

Keine Hauptmahlzeit kommt ohne ein reichhaltiges Angebot von Gemüse und Salat aus: Tomaten, Paprika, Lauch, Karotten, Gurken oder Kürbis, in Öl gegart und mit frischen Kräutern, Knoblauch und Zwiebeln gewürzt; man isst auch vielerlei Blattgemüse, wie die spinatähnliche »Moluchya«. Neben Olivenöl wird auch Butter und oft Sesamöl verwendet, das vielen ägyptischen Speisen die besondere Geschmacksnote verleiht. Zum Säuern von Speisen nimmt man Zitronensaft, häufig auch Joghurt. Gemüse wird gern zu Teig vermengt und wie Frikadellen gebraten. Beliebt sind gefüllte Gemüsegerichte. In die Füllung kommen zum Beispiel Reis, gehackte Nüsse, Zwiebeln, Petersilie und Öl. Auberginen werden in den verschiedensten Variationen zubereitet: gefüllt, in Knoblauch eingelegt, zu Püree verarbeitet oder als Auberginenauflauf »Moussaka«, mit Kichererbsen, Tomatensauce und Reis. Tomatensauce reicht man auch zu den Okraschoten, einem sechskantigen, bohnenähnlichen Gemüse. Schweinefleisch ist für gläubige Muslime nicht gestattet und wird deswegen in Ägypten kaum angeboten. Rind, Hammel und Lamm gibt es

gegrillt am Spieß oder zu Hackfleischbällchen verarbeitet. Da Rindfleisch teuer ist, kommt es eher selten auf den Tisch. Man isst Fisch und Huhn, aber auch gefüllte Tauben oder Wachteln. Als Spezialität gilt rohe Kamelleber. Innereien und Hirn gehören hingegen zu den preiswerten Gerichten.

Als pikante Häppchen reicht man sauer eingelegtes Gemüse: gekochte dicke Bohnen, Oliven, Zwiebeln und Peperoni. Es gibt aber auch herzhaften Hartkäse. Zum Dessert kann aus allerlei Früchten ausgewählt werden: Typisch arabisch ist der in Sirup getränkte Blätterteigkuchen mit Mandeln und Nüssen (»Baklava«), oder mit Nüssen und Honig überbackene Fadennudeln; auch Milchreis mit Rosenöl und Pistazien sollte man probieren. Zum Knabbern schätzt man Rosinen, Mandeln, Erdnüsse, Pinienkerne und dergleichen. Aus Sesam, Honig und Nüssen werden krokantartige Riegel hergestellt. Mit Sesam sind auch die Hefekringel bestreut, die an jeder Straßenecke zu haben sind.

Übrigens tranken die alten Ägypter unwahrscheinlich viel Bier. Es gab im Alten Reich die verschiedensten Biersorten, vom kaum alkoholhaltigen, leichten Hausbier bis zum schweren, süßen Honigbier. Wein wurde in Tempel- und Palastgärten angebaut und war eher der Oberschicht vorbehalten. Traditionell ist Muslimen der Genuss von Alkohol nicht erlaubt, aber natürlich bekommt man in den Restaurants ein leichtes Bier und auch einheimischen Wein, zum Beispiel einen Pinot Blanc aus der Gegend von Alexandria sowie süße und herbe Rotweine. Zum Durstlöschen eignet sich jedoch immer noch am besten Wasser, natürlich ebenso Obstsäfte, oft frisch gepresst aus Limonen, Orangen oder Mangos.

Aus dem Straßenbild ägyptischer Städte nicht wegzudenken sind die zahllosen Kaffeehäuser. Gern getrunken wird neben Kaffee, schwarzem oder Pfefferminztee auch Zuckerrohrsaft und warmer oder kalter »Karkadeh«, ein Aufguss aus Hibiskusblüten. Der Kaffee ist in der Regel ein kräftiger Mokka. Kaffee und Tee werden für gewöhnlich stark gesüßt serviert; wem das zu heftig ist, muss »saada« – »ohne Zucker« – bestellen.

Links:
Im Wadi Malcha auf der Halbinsel Sinai bereitet ein Beduine seinen Tee zu.

Oben:
Transport von Fladenbroten im Altstadt-Souk in Kairo.

50

Rechts oben:
Auf dem Markt von Idku im Nildelta präsentiert dieser Händler stolz seine Datteln. Im Gebiet zwischen dem Idku-See und Rosetta (heute Rashid) werden verschiedene edle Dattelsorten angebaut.

Rechts Mitte:
Ein Falafel-Imbiss – in heißem Fett ausgebackene Bällchen aus Kichererbsenteig – in der Oase Siwa in der Libyschen Wüste.

Rechts:
Beduinen nehmen am Rande des Kamelrennens in El-Arish an der Mittelmeerküste der Halbinsel Sinai eine gemeinsame Mahlzeit ein.

Links:
Abendlicher Rundblick vom Cairo Tower auf der Nil-Insel Gezira. Er wurde 1961 fertiggestellt und ist 187 Meter hoch. Die USA stellten für den Bau drei Millionen Dollar zur Verfügung.

Unten:
Ausblick von der Zitadelle von Kairo auf die Minarette der Sultan-Hasan- und der Rifai-Moschee. Für die Befestigungsanlage, die ab 1176 von Sultan Saladin erbaut wurde, sollen Steine von den kleinen

Pyramiden in Gizeh und von den Tempeln in Memphis verwendet worden sein. 1824 wurde die Zitadelle durch eine Pulverexplosion teilweise zerstört. Statt des Sultanspalastes wurde eine Moschee errichtet.

Oben:
Von der Uferpromenade am Nil, an der viele

Restaurants liegen, kann man den Blick auf das moderne Kairo genießen.

Oben:
Zum Stadtbild von Kairo gehören auch Gebäude aus der Kolonialzeit.

Impressionen vom Kamel-
markt Souk el-Gimal,
im Kairoer Stadtviertel
Embaba. Das Kamel ist das
einzige Wüstentier, das
der Mensch gezähmt hat.
Das einhöckrige Kamel,
Dromedar genannt, kommt
ausschließlich in Arabien,
im mittleren Osten und
in Nordafrika vor und ist
erst seit dem 9. Jahr-
hundert v. Chr. im Niltal
als Haustier heimisch. Ein
ausgewachsenes Kamel
kann bis zu 2,30 Meter
Körperhöhe erreichen.
Lastdromedare tragen bis
150 Kilogramm Lasten und
können am Tag etwa
50 Kilometer zurücklegen.
Kamele setzen die Füße
einer Körperseite gleich-
zeitig auf, gehen also im
sogenannten Passgang.
Dieser schwankende Gang
hat ihnen den Spitznamen

»Wüstenschiffe« eingebracht. Das Dromedar kann in sehr kurzer Zeit bis zu 150 Liter Wasser trinken und braucht dann ein bis zwei Wochen lang nichts mehr zu trinken. Einer seiner sieben Mägen verfügt über spezielle Speicherzellen. Die langjährige Annahme, sein Höcker sei ein Wassertank, ist falsch. Darin werden vielmehr bis zu 40 Kilogramm Körperfett gespeichert, welches bei Nahrungsknappheit als Energiereserve dienen kann. Das Wasser wird in allen Körperflüssigkeiten gespeichert und bei Austrocknung wieder daraus entnommen.

Links:
Auf dem Weg zum Markt im El-Muski-Viertel in Kairo. Östlich angrenzend liegt der berühmte Bazar Khan El Khalili, kurz »Khan« genannt, der bis zur El-Azhar-Straße reicht. »Khan« bedeutet »Karawanserei«. Allerdings sind die Karawanen längst durch moderne Verkehrsmittel ersetzt worden.

Rechts:
Der Transport von Gewürzsäcken auf dem Gewürzbazar im El-Muski-Viertel ist ein schweres Geschäft.

Unten:
Alltagsszenen bei einem Spaziergang durch die Souks und Bazare von Kairo: Brotverkauf im Altstadt-Souk während des Fastenmonats Ramadan.

Ganz oben:
Für einen Bummel über den Bazar braucht man viel Geduld, da man kaum drei Schritte weit kommt, ohne von einem Händler angesprochen oder zu einem Glas Tee eingeladen zu werden.

Oben Mitte:
Eine Schlangenfänger-familie mit einer Kobra, die bei den alten Ägyptern ein heiliges Tier war.

Oben:
Auf dem Gewürzbazar im Kairoer El-Muski-Viertel taucht man ein in eine Welt exotischer Gerüche und orientalischer Farben.

Seite 58/59:

Ausflugsschiffe und Feluken am Nilufer in Kairo. Es gibt ein vielfältiges Angebot an Nilkreuzfahrten. Man kann sich aber auch auf eigene Faust mit einer Feluke herumfahren oder übersetzen lassen, zum Beispiel in Assuan zur Insel Elephantine.

Seite 60/61:

Die Pyramiden von Gizeh – von hinten nach vorne gesehen die des Cheops, Chepren und Mykerinos, davor die drei Neben-pyramiden – sind umgeben von Wüstensand. Im Hintergrund erkennt man Kairo in seiner immer-währenden Dunst- und Smogwolke.

Unten:

Kamelkarawane am Lagerfeuer bei Kairo. Kamele werden, außer für Besucher, heutzutage kaum noch als Überland-Transportmittel eingesetzt, sie sind längst durch Eisenbahn, Auto und Flugzeug abgelöst worden.

Rechte Seite:

Vom Scheinwerferlicht verzaubert: Der Große Sphinx vor der Pyramide des Chephren. Sie ist etwas niedriger als die des Cheops, wirkt aber größer aufgrund ihres höheren Standorts. An der Spitze der Pyramide, die um 2530 v. Chr. erbaut wurde, ist die ursprüngliche glatte weiße Kalkstein-verkleidung noch erhalten. Der 73 Meter lange Löwenleib des Sphinx wurde aus dem Felsen herausgeschlagen. Er trägt das Haupt des Pharao Chephren.

64

Links:
Bei den Pyramiden von Gizeh verrichtet der Pyramiden-Hausmeister sein Gebet, zu dem er als gläubiger Muslim die Schuhe ausgezogen hat.

Unten:
In Gizeh kann man Ausritte um die Pyramiden mit Führung buchen, und für geübte Reiter sogar mehrstündige Ausflüge zu Pferd bis nach Sakkara. Auch in Ägypten werden arabische Vollblüter gezüchtet.

Links:
Mark Twain über die Besteigung der Cheopspyramide: »Auf der einen Seite dehnte sich ein mächtiges Meer gelben Sandes bis zum Ende der Welt, ernst, still, bar jeglicher Vegetation, in einer Einsamkeit, die von keinerlei kreatürlichem Leben aufgeheitert wurde; auf der anderen lag das Eden Ägyptens unter uns ausgebreitet – eine weite, grüne Ebene, zerteilt von dem gewundenen Fluss, mit Dörfern betupft ...«

GEHEIMNISVOLLE PYRAMIDEN

Sie galten in der Antike als eines der Sieben Weltwunder. Und immer noch versetzen sie in Staunen: Der moderne Mensch mag bombastische Gebäude gewöhnt sein, aber keines kann so beeindrucken wie die Pyramiden! In die Cheopspyramide von Gizeh – das größte je von Menschen errichtete Bauwerk – könnte man problemlos den Petersdom aus Rom hineinstellen, und er würde nirgends anecken.

Zwar sind in alter Zeit auch in Babylon, Amerika und Indien Pyramiden errichtet worden, doch die Ägypter beherrschten diese Baukunst vollkommen. Dafür müssen sie nicht nur erstklassige Architekten gewesen sein, sondern auch über enorme Kenntnisse in anderen Wissenschaften verfügt haben: in Geologie, Geografie und Astronomie beispielsweise.

Die älteste, die »Mutter aller Pyramiden«, ist im 27. Jahrhundert vor Christus bei Sakkara für Pharao Djoser errichtet worden. Sie ist stufenförmig, und vielleicht symbolisierte diese Bauweise eine Art Himmelsleiter, über die der König zu den Göttern aufstieg.

Die berühmtesten Pyramiden jedoch sind in Gizeh nahe Kairo zu bestaunen. Seit ihrem Bau im 3. vorchristlichen Jahrtausend hat man sie fasziniert betrachtet und sich gefragt, wie es nur möglich war, so etwas fertig zu bringen. Auf seinem Ägyptenfeldzug errechnete Napoleon, dass die Steine ausgereicht hätten, um eine 3,70 Meter hohe und 30 Zentimeter dicke Mauer um ganz Frankreich zu errichten.

Unglaubliche architektonische Leistungen

Im 19. Jahrhundert entwickelte sich eine systematische wissenschaftliche Disziplin, die sich diesen Fragen widmete: Wie schafften es die Ägypter, die enormen Steinblöcke aus hartem Granit oder weichem Kalkstein übereinander zu schichten? Ihr Gewicht beträgt durchschnittlich 2,5 Tonnen, einige werden aber auf 200 Tonnen geschätzt! Ein Archäologe kommentierte zur Ausführung des Werkes anerkennend: »Die Fugen waren kaum wahrnehmbar, nicht breiter, als Silberpapier dick ist.« Moderne Messungen haben ergeben, dass die Maße der meterbreiten Steinquader um höchstens 25 Millimeter von der Norm abweichen.

Wer hat diese unglaubliche Arbeit vollbracht? Darüber ist man sich uneinig: Wurden die Arbeiter zum Frondienst gezwungen? Beschäftigte man Sklaven? Oder war der normale ägyptische Bauer während der Nilüberflutung gegen Bezahlung angestellt? Half er mit, weil er sich durch sein Tun Anteil an der Unsterblichkeit des Pharaos versprach? Bei einer

geschätzten Bauzeit von 20 bis 30 Jahren wären fast 300 000 Leute im Einsatz gewesen.

Kontroverser aber noch diskutieren die Gelehrten, welchem Zweck die Pyramiden eigentlich dienten. Waren es wirklich nur Gräber? Sicher dienten sie dem Totenkult; sie enthalten Grabkammern. Wofür aber legte man all die Gänge und Säle an? Nur zur Lagerung von Gegenständen für den verstorbenen Pharao? Dienten die Pyramiden gar als Symbole der Welt? Die Maße sind wohl proportioniert und bieten Anlass zu allerlei Zahlenmystik. Man kann in ihnen ein geometrisches Abbild der nördlichen Hemisphäre erkennen, wenn man die Spitze als Pol betrachtet und den Umfang als Äquator. Nutzte man die Plätze, auf denen die Pyramiden errichtet sind, zuvor (und noch während der Bauphase) als Observatorien? Die Ecken der Pyramide des Cheops zumindest sind exakt nach den vier Himmelsrichtungen ausgerichtet. Und der Schatten des Monuments zeigt genau den längsten und kürzesten Tag an, außerdem Tag- und Nachtgleiche. So viel Mysterium – da wundert es nicht, dass Erich von Däniken gar meinte, die Pyramiden wären auch ein Stützpunkt für Außerirdische gewesen.

Niemand vermag Antworten zu geben, die alle offenen Fragen restlos klären. Es bleiben also auch noch für die Zukunft genügend Geheimnisse ungelüftet.

Links:
Die Rote Pyramide von Dashur, etwa 25 Kilometer südöstlich von Gizeh, wurde von Pharao Snofru um 2580 v. Chr. erbaut und gilt als die älteste Pyramide in echter Pyramidenform. Ihre Kantenlänge wird nur noch von der Cheopspyramide übertroffen.

Links oben:
Die Knickpyramide des Snofru, so genannt, da sie zweierlei Neigungswinkel aufweist, auf einem Foto aus dem Jahr 1858.

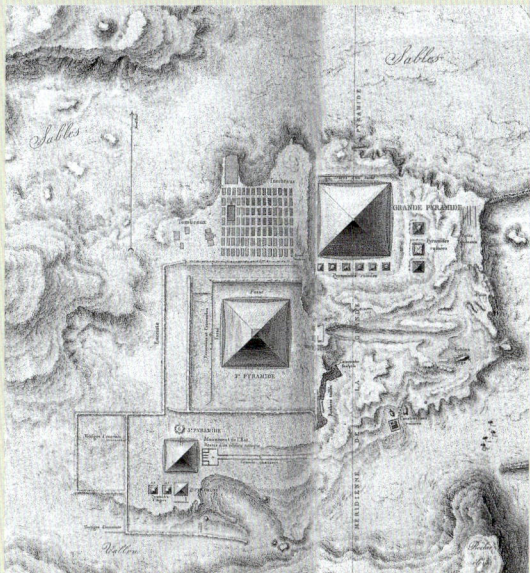

Oben:
Die Symbole für den unvergänglichen Zauber Ägyptens: Von hinten nach vorn gesehen die Pyramiden des Cheops, Chephren und Mykerinos, vor dieser die drei Nebenpyramiden.

Rechts oben:
Der Eingang zur Cheopspyramide in einer historischen Illustration aus dem 19. Jahrhundert.

Rechts Mitte:
Historischer Lageplan der Pyramiden von Gizeh aus der »Description de l'Égypte«, die zwischen 1809 und 1830 erschienen ist.

Rechts:
Der Sphinx von Gizeh, wie Napoleon ihn vorfand; nur der Kopf ragte aus dem Sand. Illustration aus der »Description de l'Égypte«. Die Freilegung begann 1853 und dauerte 40 Jahre lang.

Unten:
Die Stufenpyramide des Pharao Djoser bei Sakkara. Sie ist das Werk des Architekten Imhotep und der erste Monumentalbau der Welt aus behauenen Steinen. Man nimmt an, dass ursprünglich ein flacher Grabbau (Mastaba) mit quadratischem Grundriss geplant war, der später erweitert, mit Stufen verkleidet und aufgestockt wurde. Über diese Stufen sollte der verstorbene Pharao zur Sonne hinaufsteigen. Die Stufenpyramide ist 60 Meter hoch und stammt aus der Mitte des 3. Jahrhunderts v. Chr.

Rechts oben:
Sphingen sind Mischwesen mit Löwenkörpern und menschlichem Kopf, in Theben auch mit Widderkopf. Das eigentlich weibliche griechische Wort »die Sphinx« wird männlich verwendet, wenn es sich bei dem Dargestellten um einen König handelt. Ab dem Neuen Reich wurden Sphingen in großer Zahl zu beiden Seiten von Prozessionsalleen aufgestellt. Hier der »Alabastersphinx« aus Memphis, wahrscheinlich aus der 18. Dynastie, um 1420 v. Chr.

Rechts Mitte:
Wandmalerei aus dem Grab des Unak Ankh in Sakkara. Am Westrand der Nekropole von Sakkara wurden die heiligen Apis-Stiere bestattet. Man balsamierte sie ein wie menschliche Verstorbene. Ramses II. ließ eine Gruft anlegen, in der 28 Stiere beigesetzt wurden.

Rechts unten:
In Memphis, das einmal die erste Hauptstadt des vereinigten ägyptischen Reichs war, wurde 1888 dieses künstlerisch besonders anspruchsvolle Standbild Ramses' II. ausgegraben.

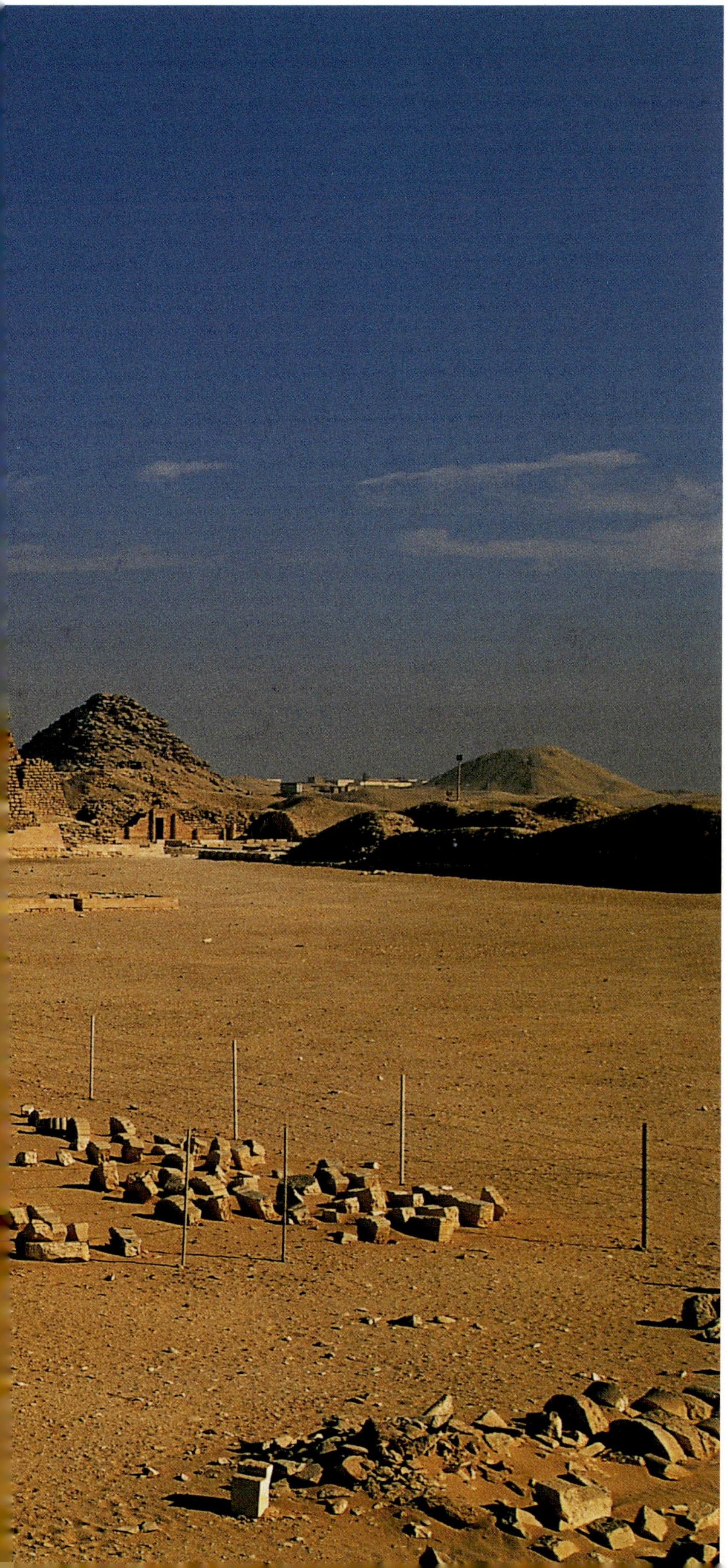

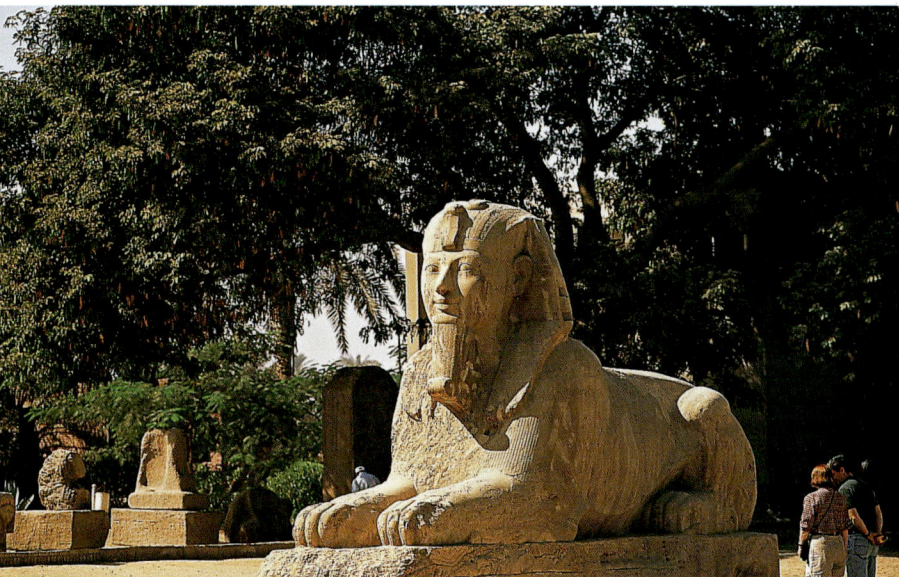

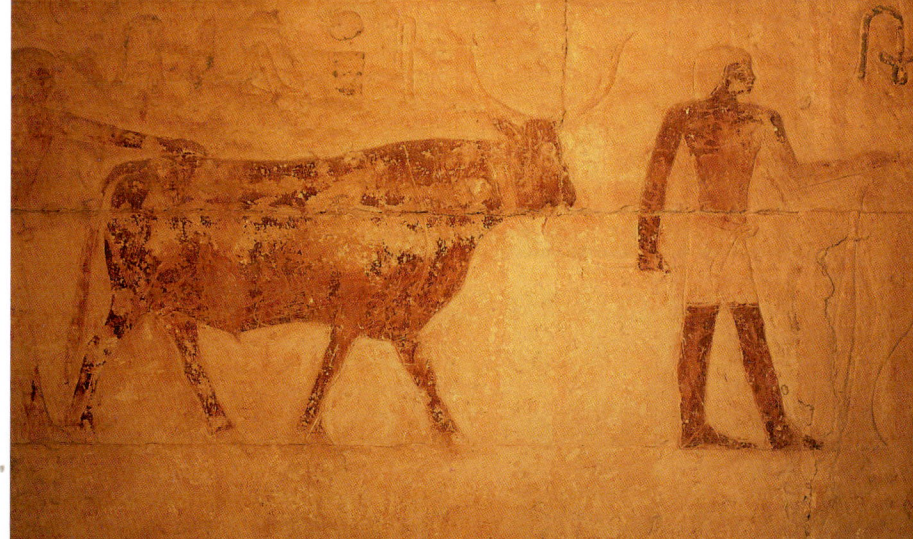

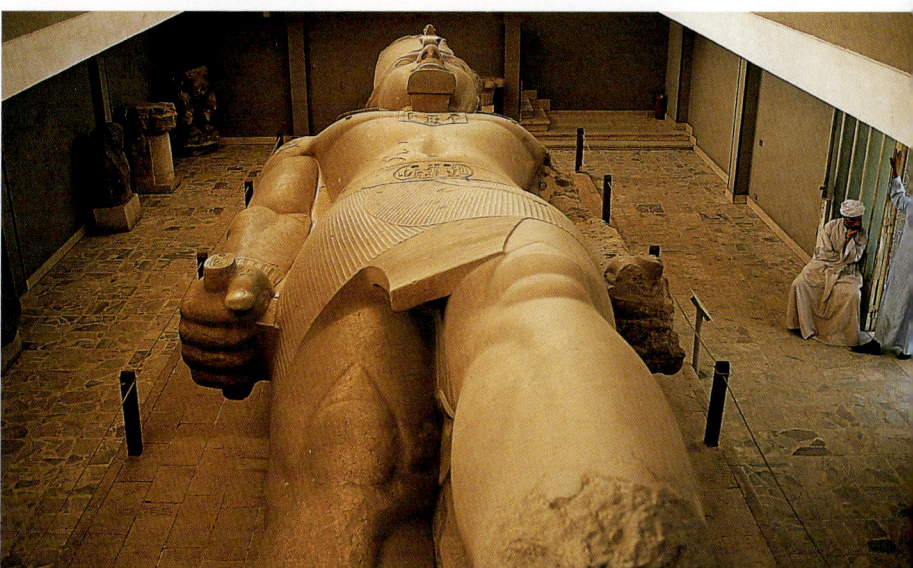

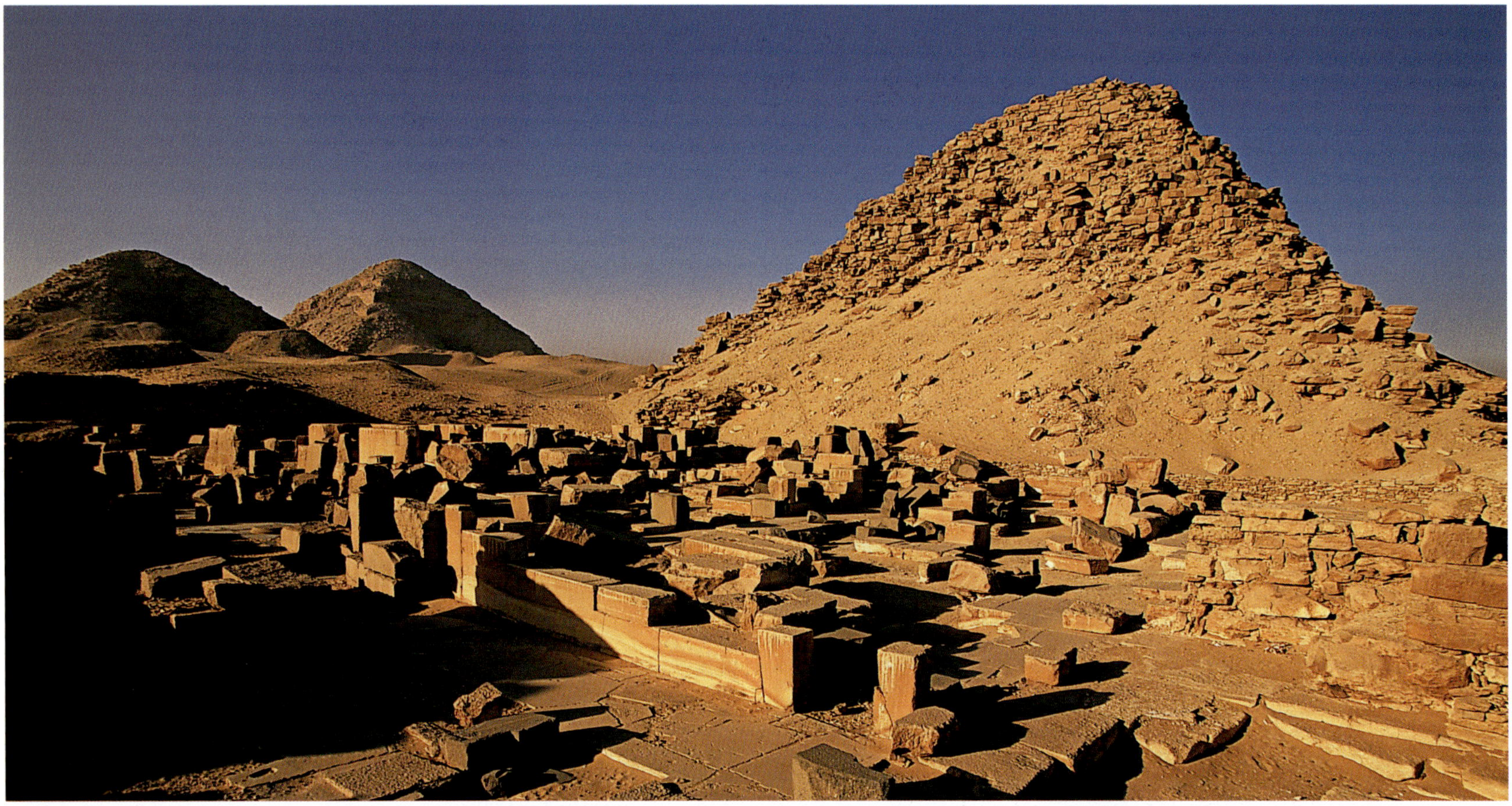

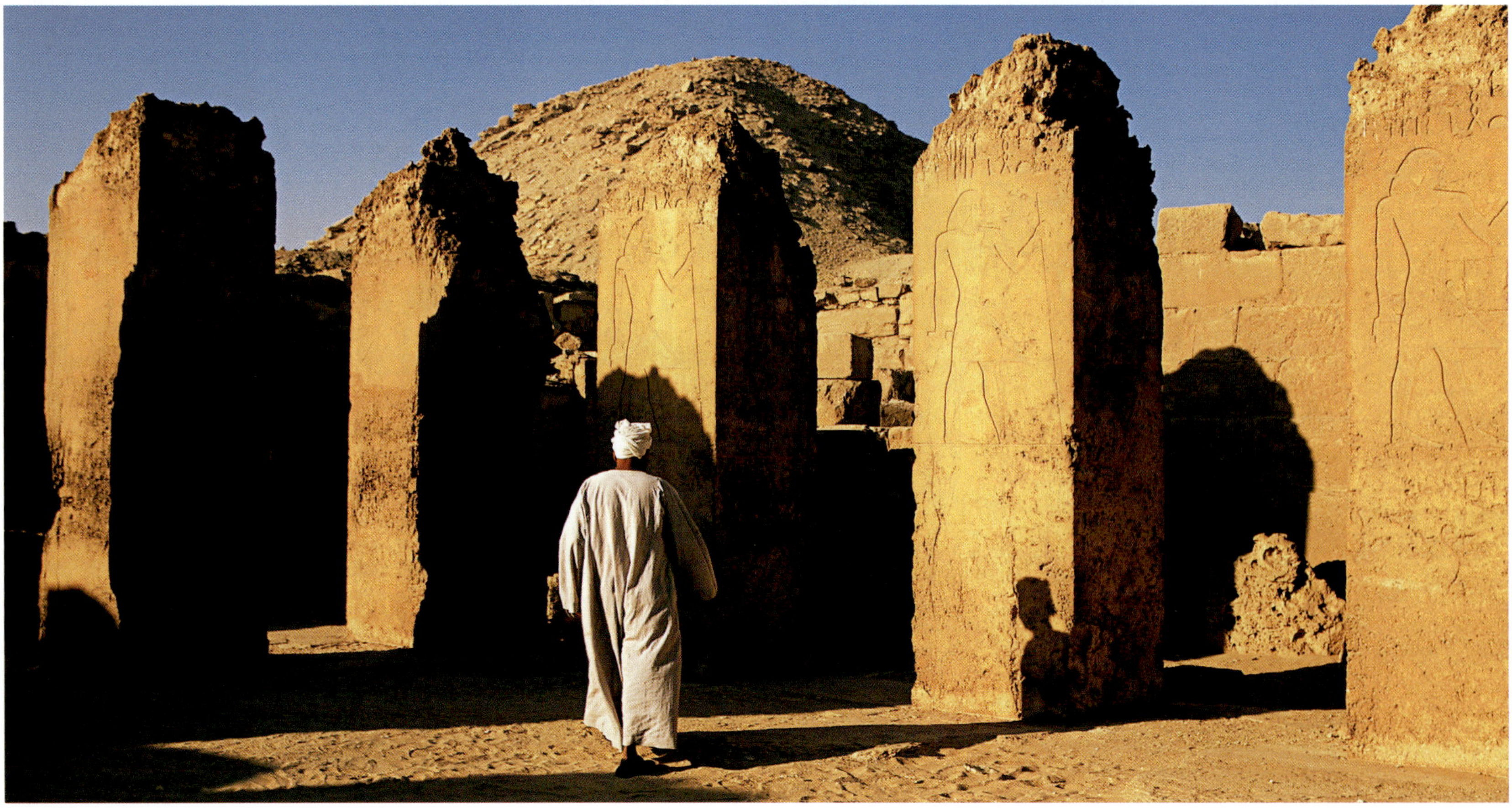

Links:

Die Grabanlage des
Sahura in Abusir wurde für
den König Sahu-Re, einem
Herrscher der 5. Dynastie,

errichtet. Zu den Grab-
anlagen gehören sowohl
ein Toten- wie auch ein
Taltempel.

Stromaufwärts den Nil entlang

Der Tempel von Luxor. Inmitten der modernen Städte Luxor und Karnak liegen die Ruinen des alten Theben, von den alten Ägyptern »Waset« genannt. Der Name Theben geht auf die Griechen zurück. Etwa um 2000 v. Chr. wurde Theben von den Pharaonen zu ihrer Residenz erwählt. Ihre Blütezeit erreichte die »hunderttorige« Stadt, wie Homer sie nannte, in der 18. Dynastie des Neuen Reiches (etwa 1500 bis 1300 v. Chr.).

Wie Perlen an einer Kette reihen sich die historischen Denkmäler am Band des Nils: der Amun-Re-Tempel von Karnak mit der Sphingenallee, dem gewaltigen Wald der Papyrussäulen und dem Heiligen See, das Tal der Könige und das Tal der Königinnen, die faszinierendsten Friedhöfe der Welt in Theben-West, die Tempelanlagen von Luxor, die einst durch die Widderallee mit dem Amun-Re-Tempel in Karnak verbunden waren, Esna, Edfu, Kom Ombo mit ihren Bauten aus der Ptolemäerzeit, aus welcher auch die Tempel in Dendera und Philae stammen und zu guter Letzt Abu Simbel bei Assuan, wo sich der Nil – vom Sudan kommend – zum Nasser-See ausbreitet. Abu Simbel ist nicht nur wegen seiner monumentalen Gestaltung zur Vergöttlichung von Ramses' II. und seiner Gattin Nefertari weltberühmt, sondern auch durch seine spektakuläre Rettung vor den Wassermassen des Nasser-Stausees. Die beiden Tempel wurden in 1036 einzelne Blöcke zerlegt und 64 Meter höher wieder zusammengefügt.

In Assuan kann man sich dann bei einem stilvollen Five o'Clock Tea im traditionsreichen Old Cataract Hotel von der Besichtigungstour erholen.

Doch nicht nur Kultur bietet eine klassische Nilkreuzfahrt dem Auge: grüne Felder vor rötlich schimmerndem Wüstengebirge, Siedlungen aus Nilschlammziegeln mit Dattelpalmen und ab und an das weiße Segel einer Feluke – die friedliche Ruhe einer längst vergangenen Welt scheint über der Nillandschaft zu liegen.

Unten:
Der Tempel von Luxor, vom Nil aus gesehen. Er liegt inmitten der modernen Großstadt. Um 1900 hatte der Ort nur 10 000 Einwohner, heute ca. 420 000. Die »Ägyptomanie« der 20er-Jahre prägt bis heute das Stadtbild, vom Bankgebäude bis zur »pharaonischen« Telefonzelle.

Rechts oben und rechts Mitte:
Das Old Winter Palace Hotel in Luxor, ist, wie sein Gegenstück in Assuan – das Old Cataract Hotel –, inzwischen selbst zu einer Sehenswürdigkeit Ägyptens, zu einem kulturhistorischen Zeugnis geworden. Es wurde 1886 eröffnet und war mit seinen Bars im Kolonialstil, seinen riesigen Zimmern, wie der Victorian Lounge (rechts Mitte) und seinem sehr britischen Charme stets Anziehungspunkt für

königliche Hoheiten und
Entdeckungsreisende,
für betuchte Abenteurer,
Wissenschaftler, Archäo-
logen, Literaten und Stars.

Rechts unten:
Feluken am Westufer
des Nils bei Luxor. Die
Feluke ist ein relativ
breites Boot mit einem
sehr hohen Segel, das
an die Schwinge eines
Vogels erinnert. Feluken

können für Ausflüge oder
sogar für mehrwöchige
Alternativ-Nilkreuzfahrten
genutzt werden. Bis zu
sieben Personen können
in einem solchen Boot
mitsegeln.

75

Unten:

Der Säulengang des Tempels von Luxor und die Abu-el-Haggag-Moschee. Der Tempel wurde 1881 ausgegraben, jedoch nicht vollständig, da auf einer Aufschüttung im ersten Hof die Moschee errichtet wurde. Die Moschee, die zu den ältesten der Stadt gehört, gilt den Muslimen als besonders heilig, da sie einem Nachkommen des Propheten geweiht ist. Daher darf der Tempelbereich unter ihr nicht freigelegt werden. Das Mulid, das religiöse Fest, des Abu el-Haggag, ist das bedeutendste von ganz Oberägypten.

Rechts:

Der Eingangspylon Ramses' II. am Tempel von Luxor wird flankiert von den beiden kolossalen Sitzfiguren. Einer der Obelisken, die den Eingang zum Hof Ramses' II.

schmückten, wurde im Jahr 1836 abmontiert und als Staatsgeschenk an Frankreich übergeben. Er steht heute auf der Place de la Concorde in Paris.

Unten:

Die Standfigur Thut-
mosis III., gefunden 1904
in Karnak, ist im Luxor-
Museum untergebracht.
Direkt an der Uferstraße
zwischen Luxor und
Karnak gelegen, ist es
eines der schönsten
Museen Ägyptens.

Unten:

Der Würfelhocker des
Namunedjeh, eines hohen
Beamten Thutmosis' III.,
im Luxor-Museum war kein
Sitzmöbel, sondern eine
von Privatpersonen
bevozugte Statuenform.

Unten:

Seit 1997 gibt es in Luxor
auch ein Mumien-Museum.
Etwa 60 Exponate zeigen
die Geschichte der Mumi-
fizierung.

Ganz unten:

Pharaonen ließen sich oft
als Sphinx darstellen, um
die Würde des Königs mit
der Kraft des Löwen zu
vereinen. Dieser Sphinx,
etwa von 1336 v. Chr., stellt
einen Pharao dar, der
Amun ein Opfer darbringt.

Unten:
Im Mumien-Museum in Luxor ist auch dieses mumifizierte Krokodil ausgestellt, das in Kom Ombo nördlich von

Assuan gefunden wurde. Die dortigen Tempelanlagen stammen überwiegend aus der Ptolemäerzeit.

Ganz unten:
Modell einer heiligen Barke im Mumien-Museum. Die bei den religiösen Ritualen verwendeten Barken, die »offiziellen« Transportmittel der Götter, waren

maßstabsgetreue Modelle echter Nilschiffe, die im Tempel oder in eigens dafür bestimmten Barkenschreinen aufbewahrt wurden. Bei Prozessionen wurden sie an Stangen auf den Schultern getragen.

Seite 82/83:
Die Memnons-Kolosse von Theben-West sind fast 18 Meter hoch und der letzte Überrest des größten jemals in Ägypten errichteten Einzeltempels.

Er war etwa 700 x 500 Meter groß, wurde von Amenophis III. um 1370 v. Chr. erbaut und durch Erdbeben und Steinraub weitgehend zerstört.

Unten:
Die Säulenhalle des Ramesseum von Theben-West. Das Ramesseum wurde um 1260 v. Chr. von Ramses II. als Grabtempel errichtet. Die Reliefs verherrlichen detailreich die Kriege Ramses' gegen die Hethiter mit Darstellungen von Truppen, Schlachten und Streitwagen, aber auch von misshandelten Kriegsgefangenen. Schon in der Antike wurde die Anlage als Steinbruch genutzt.

Rechts:
Im Süden von Theben-West liegt bei Medinet Habu der sehr gut erhaltene Totentempel Ramses' III. Eine doppelte Befestigungsmauer umgibt den ganzen Komplex, dessen Eingang mit seinen Türmen und Zinnen an eine Burg erinnert. Ein zeitgenössischer Text berichtet, dass 62 626 Kriegsgefangene für den Bau eingesetzt wurden.

Rechts:
Es ist noch längst nicht alles ausgegraben – archäologische Arbeiten am Ramesseum von Theben-West.

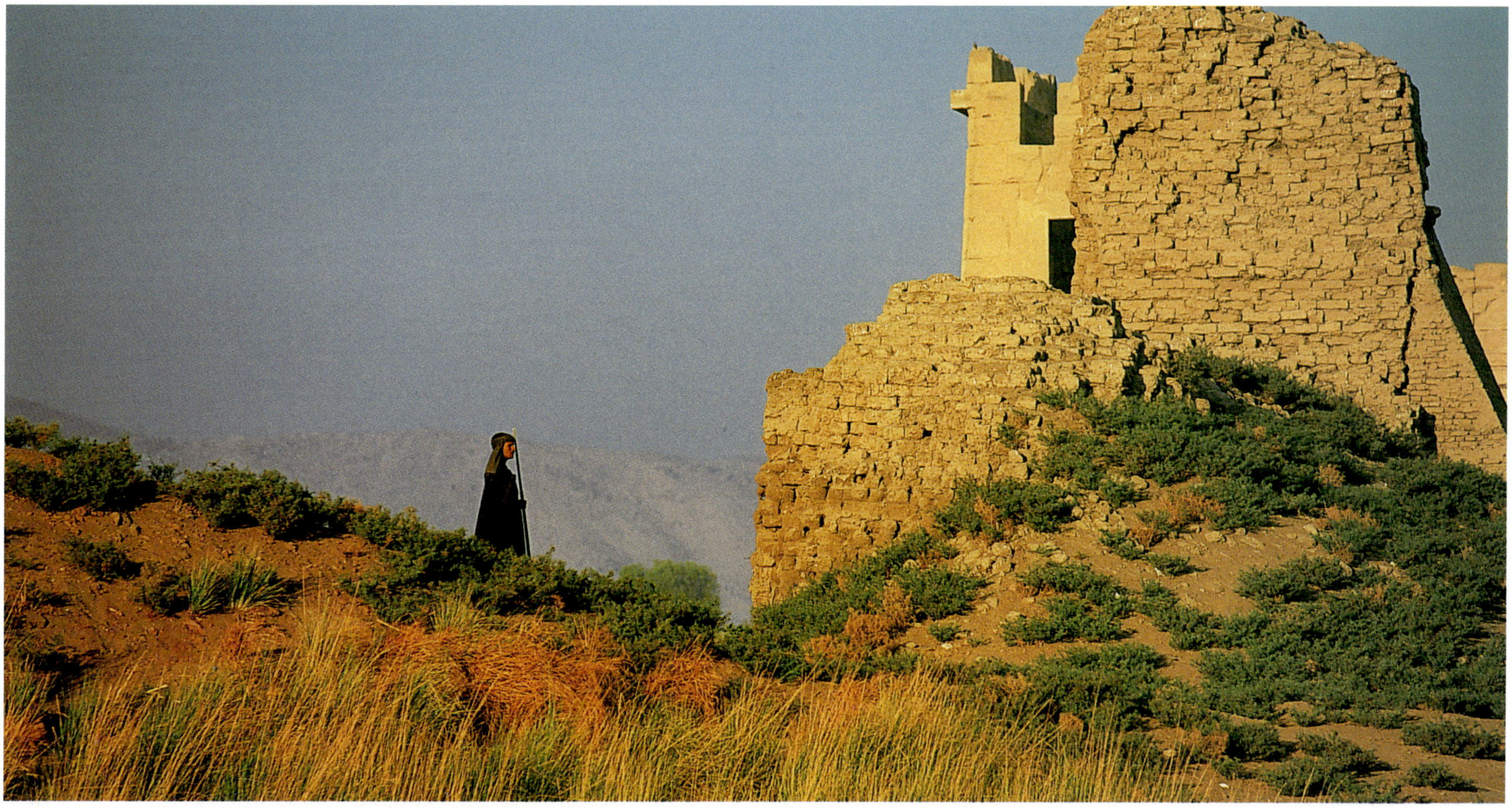

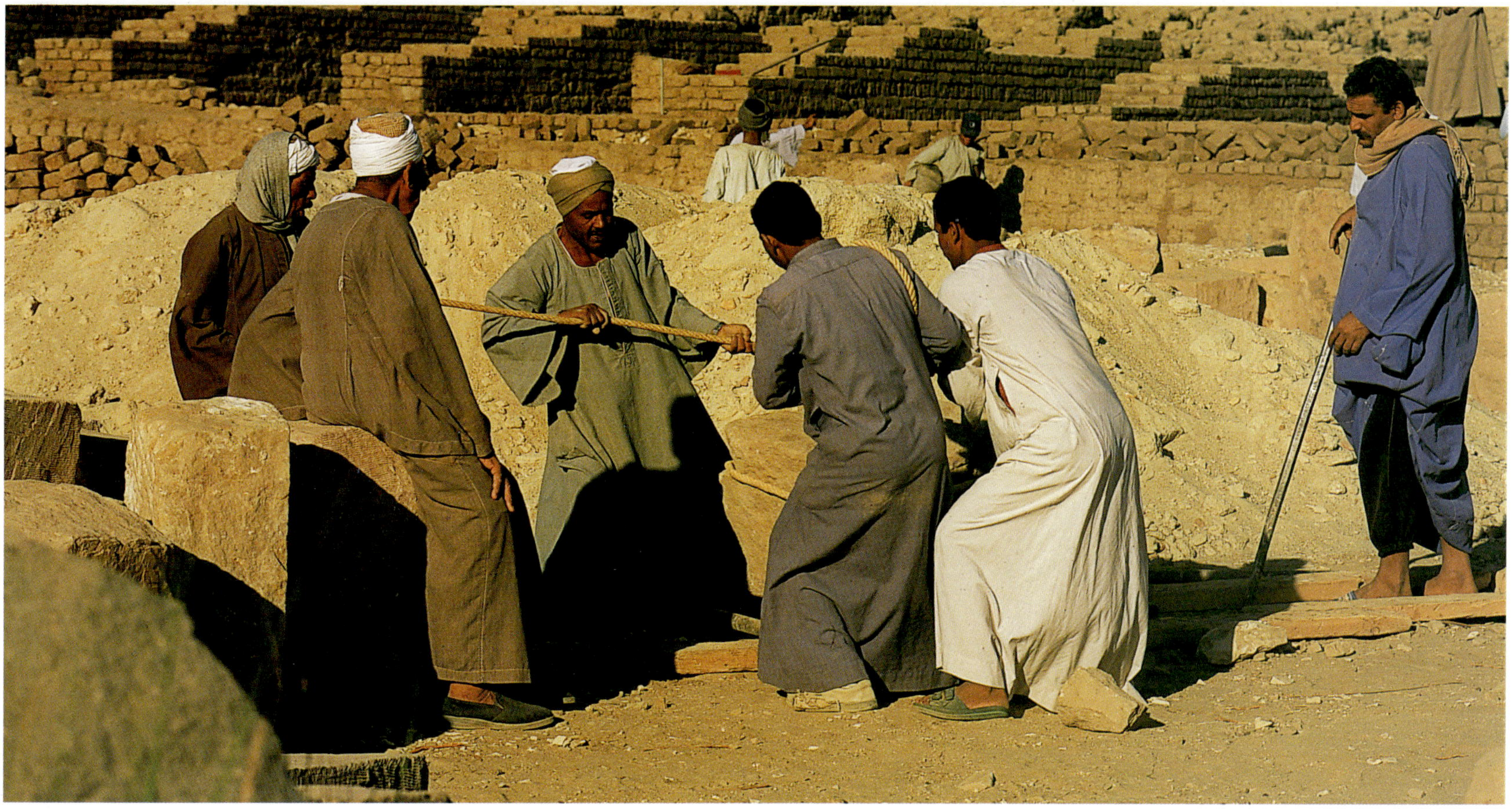

Oben:
Blick in das Tal der Könige,
Theben-West (Luxor).
In diesem ausgetrockneten
Flusstal entstanden im
2. Jahrtausend v. Chr. die
herrlichsten Gräber der
Welt. Alle Pharaonen des
Neuen Reichs, mit Aus-
nahme von Echnaton,
wurden dort bestattet. Bis
zu 300 Meter lang sind die
in den Fels getriebenen
Stollen. Die Gräber werden
in jährlichem Wechsel dem
Publikum geöffnet.

Rechts:
Hieroglyphen-Inschrift
im Grab von Thutmosis III.
Der Eingang liegt in einer
Felsspalte und ist nur
über eine neuzeitliche
Eisenleiter zu erreichen.

Links:
Wandmalerei im Grab der Nefertari, der Gemahlin von Ramses II. Mit seinem prachtvollen Wandschmuck gilt es heute noch als das schönste Grab der gesamten thebanischen Nekropole. Um es weiterhin in gutem Zustand erhalten zu können, sind nur bestimmte Öffnungszeiten und begrenzte Besucherzahlen zugelassen.

Unten:
Das Tal der Königinnen im Süden von Theben-West war ein gesonderter Begräbnisplatz für die Herrscherinnen, Prinzen und Prinzessinnen der 18. und 19. Dynastie. Die Grabanlagen sind kleiner und bescheidener als die der Könige.

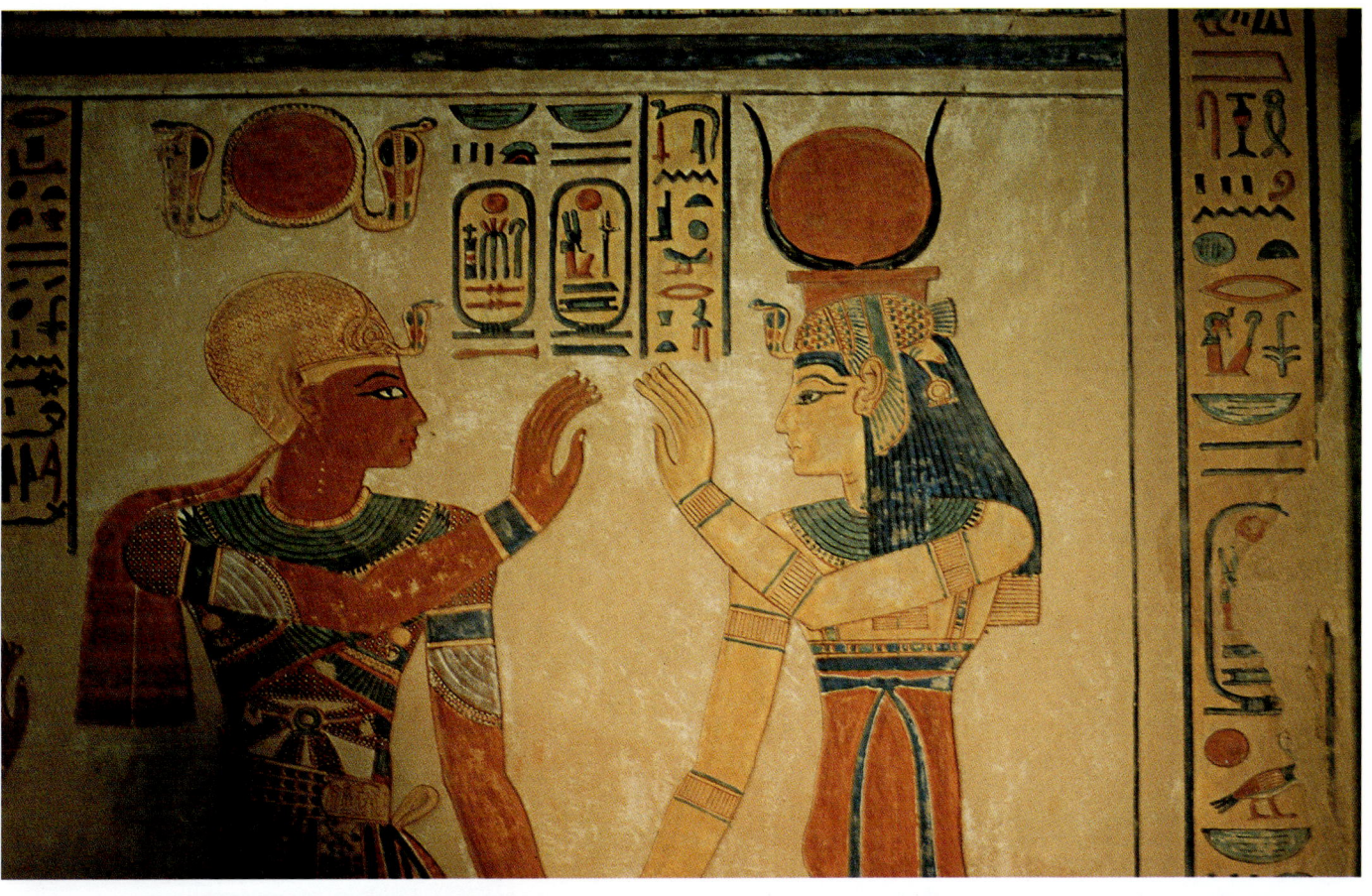

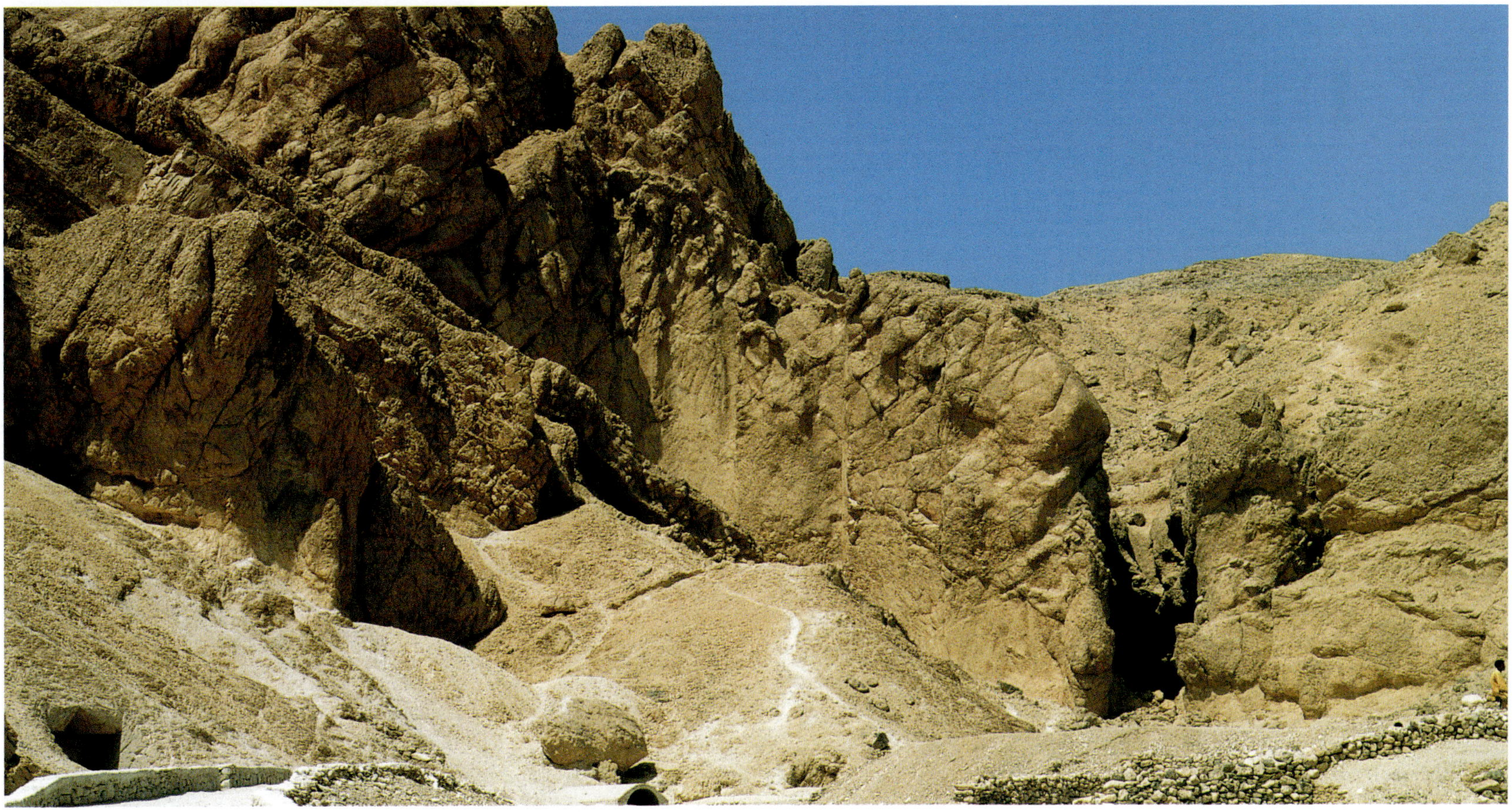

SPÄTE GENUGTUUNG FÜR TUTANCHAMUN

Es war die größte archäologische Entdeckung des 20. Jahrhunderts und das erste große »Medienereignis« in der Geschichte der Ägyptologie!
Eigentlich galt das Tal der Könige bei Theben schon vor dem Ersten Weltkrieg als restlos erforscht. Sämtliche bekannten Gräber waren seit der Antike von Grabräubern geplündert worden. Der britische Ägyptologe Howard Carter (1874 bis 1939), der sich lange Zeit als Maler, Fremdenführer und Antiquitätenschmuggler durchgeschlagen hatte, war von der Idee besessen, dennoch eines Tages ein unentdecktes Grab finden zu können. Fünf Jahre lang suchte und grub er – vergeblich. Als er den Plan schon fast aufgegeben hatte, wurde er am 4. November 1922 bei einem letzten Versuch fündig. Man stieß auf das Grab eines Königs, des Pharaos Tutanchamun. Was Carter und seine Mitarbeiter dort erblickten, übertraf, so Carter, »unsere wildesten Träume«. Eine Grabkammer, kaum größer als ein Wohnzimmer, quoll über von Schätzen, von Gold, Edelsteinen und luxuriösen Gegenständen.
In der eigentlichen Sargkammer fand man vier ineinander gesetzte Schreine. Der innerste enthielt einen Steinsarkophag. Darin ruhten zwei hölzerne, goldüberzogene Särge, und zuinnerst schließlich ein dritter Sarg, aus purem Gold geschmiedet und 110 Kilogramm schwer. Gesicht und Brust der Mumie waren von einer goldenen Maske bedeckt, die einer der berühmtesten Ausgrabungsfunde der Welt ist. In die Bandagen der Mumie waren 143 edelsteinbesetzte Kostbarkeiten mit eingewickelt. Die Mumie des verstorbenen Königs selbst zeigte sich in schlechtem Zustand und zerbrach bei den Untersuchungen. 2005 führte ein ägyptisches Archäologenteam unter der Leitung des legendären Archäologen Dr. Zahi Hawass eine CT-Untersuchung an der Mumie durch, mit Hilfe derer die bisherige Mord-Theorie weitgehend entkräftet wurde.
Von Tutanchamun wissen wir nur wenig. Unter seiner etwa zehnjährigen Regentschaft als Nachfolger Echnatons wurde die »Häresie« der alleinigen Aton-Verehrung abgeschafft und Amun wieder zum höchsten der Götter erklärt. Aber Tutanchamun starb schon im jungen Alter von 19 Jahren. Über die Ursache seines Todes kann nur spekuliert werden. Kurzum, eigentlich war er einer der unbekanntesten aller Herrscher Ägyptens. Manche Königslisten führen nicht einmal seinen Namen auf. Carter kommentierte: »Das einzig Bemerkenswerte in seinem Leben bestand darin, dass er starb und begraben wurde.« Man ließ dem jungen König die Ehren zukommen, die einem Pharao zustanden, wenngleich sein Grab viel kleiner ist als die meisten anderen. Vielleicht starb er so plötzlich, dass es in aller Eile hergerichtet werden musste. Späte Genugtuung: Zu Lebzeiten mag Tutanchamun ohne großen Einfluss gewesen sein. Die Entdeckung seines Grabes machte ihn jedoch zu jenem Pharao, der in der Moderne die größte Popularität genießt. Die Welt wurde vom Tutanchamun-Fieber gepackt: Modeschöpfer, Designer, Geschäftemacher, Autoren und Filmproduzenten bemächtigten sich des Themas.

Der Fluch des Pharao

Und noch etwas haben wir dem jung verstorbenen König zu verdanken: Die Legende vom »Fluch des Pharao«. In seiner Grabkammer warnten angeblich Wandinschriften davor, etwas anzurühren und zu stehlen. Ein paar Monate nach der Graböffnung starb der wohlhabende Lord Carnarvon, der die Expedition finanziert hatte, plötzlich in Kairo an einer Blutvergiftung, hervorgerufen durch einen Mückenstich. Im Augenblick seines Todes fiel in ganz Kairo der Strom aus. Als außerdem noch einige andere Personen, die an der Grabung beteiligt waren, einen überraschenden Tod fanden, da hieß es in der Presse jener Tage, nun sei die Prophezeiung in Erfüllung gegangen.
Carnarvons Wunsch, die Mumie möge in ihrem Grab bleiben, wurde erfüllt. Die sterblichen Überreste des Königs wurden in den äußeren hölzernen Sarg gelegt und dieser im offenen Sarkophag aufgestellt. Er liegt noch immer dort. Der innerste Schrein in der Grabkammer des Tutanchamun war mit den Worten beschriftet: »Ich habe das Gestern gesehen, ich kenne das Morgen.«

Links:
Dieser alte Mann aus Luxor zeigt ein Bild seines Großvaters, der unter Howard Carter an den Ausgrabungen mitwirkte.

Oben:
Das Grab Tutanchamuns, des geheimnisvollen, jung verstorbenen Herrschers, im Tal der Könige ist die kleinste der 62 Anlagen.

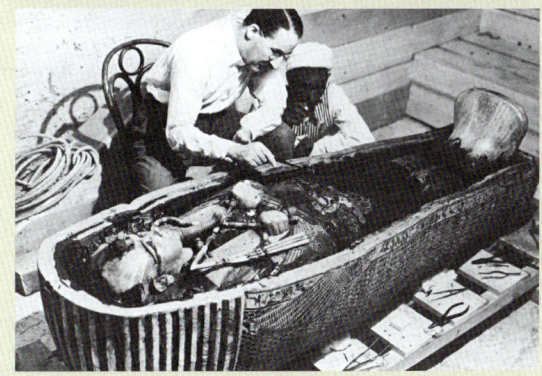

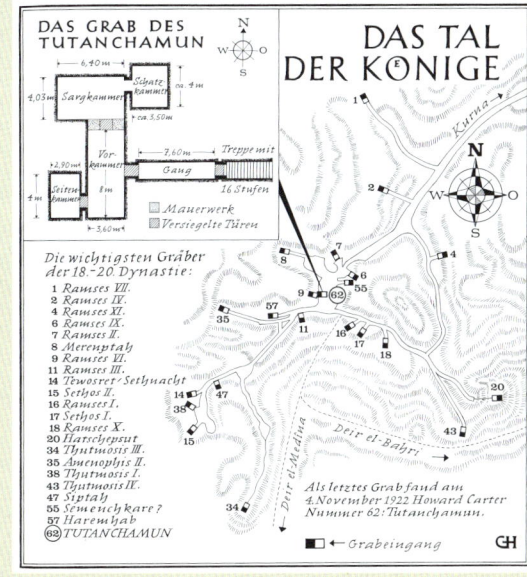

Rechts oben:
*Die goldene Maske des
Tutanchamun im Ägypti-
schen Museum in Kairo.
Sie besteht aus getrie-
benem Gold mit Einlagen
von Halbedelsteinen und
farbigem Glas.*

Rechts Mitte:
*Howard Carter und ein
einheimischer Vorarbeiter
bei der Öffnung des
Goldsargs, der noch
im Inneren der beiden
vergoldeten Holzsärge
steht.*

Rechts:
*Grundriss des
Tutanchamun-Grabes
im Tal der Könige, das
Howard Carter als letzte
Anlage am 4. November
1922 entdeckte.*

Seite 90/91:
Der Totentempel der Pharaonin Hatschepsut in Theben-West wurde um 1470 v. Chr. errichtet. Vor den steilen Klippen des Gebirges angelegt, bietet er einen atemberaubenden Anblick.

Rechts:
Die Tempelanlage in Dendera stammt aus der griechisch-römischen Zeit. Der Hathor-Tempel ist eines der wenigen pharaonischen Bauwerke, bei dem sogar das Dach erhalten geblieben ist. Das Relief auf der hinteren Außenmauer zeigt Kleopatra und ihren Sohn Caesarion (die beiden Figuren links).

Unten:
Die Tempelanlage von Dendera mit den Ruinen der koptischen Basilika aus dem 5. Jahrhundert. Das Gebäude links von der Bildmitte ist das römische Geburtshaus (Mammisi) aus dem 1. Jahrhundert n. Chr. In den Mammisi wurde die Geburt des Gottes Ihi gleichzeitig mit dem Geburtsfest des Pharao gefeiert.

Oben:
40 Kilometer nördlich von Assuan befindet sich auf einem Hügel am östlichen Nilufer der weithin sichtbare Tempel von Kom Ombo.

Links:
Der Eingangpylon des mächtigen Horus-Tempel von Edfu. Er stammt aus der Ptolemäerzeit und wurde 57 v. Chr. fertiggestellt. Da er jahrhundertelang fast vollständig unter Sand begraben war, ist er einer der am besten erhaltenen Tempel Ägyptens.

Seite 94/95:
Der Tempel von Kom Ombo liegt direkt am Nil auf einem kleinen Berg (ägyptisch: »kom«). In diesem Doppeltempel aus der Ptolemäerzeit wurden zwei Götter – der krokodilsköpfige Sobek und der falkenköpfige Haroeris – verehrt.

Links oben:
Im Nil vor Assuan liegen außer Elephantine noch weitere kleine Inseln, zum Beispiel die Amun-Insel mit dem Amun-Hotel.

Links Mitte:
Beim Anblick der ruhigen Flusslandschaft des Nils zwischen Assuan und Luxor kann man sich von Tempelbesichtigungen erholen.

Links unten:
Der alte Assuan-Staudamm, 1898–1902 von den Briten errichtet, war damals die größte Talsperre der Welt und staute einen fast 300 Kilometer langen See auf. Für die Regulierung

des Nils erwies er sich bald als zu klein. Er wurde zweimal erweitert, bis er schließlich in den Sechzigerjahren des 20. Jahrhunderts unter Präsident Nasser durch den Assuan-Hochdamm ersetzt wurde.

Seite 96/97:
Elephantine, die »Elefanteninsel« im Nil bei Assuan. »Abu«, der altägyptische Name von Assuan, bedeutet »Elefant«.

Unten:
Das Old Cataract Hotel in Assuan wurde 1898 im ägyptischen Stil der viktorianischen Zeit erbaut und liegt in einem prächtigen Garten auf einer Anhöhe oberhalb des Nils.

Hier verkehrten einst Weltenbummler, Dandys und Literaten. Seine stilvolle Atmosphäre inspirierte Agatha Christie zu ihrem Roman »Tod auf dem Nil«.

Unten:
Das historische
Bewässerungssystem
am Westufer des Nils
bei Assuan ist durch
den Hochdamm
überflüssig geworden.

Unten:
Die vom Nilwasser rund
geschliffenen Formen
der Granitfelsen von
Elephantine erinnern an
Elefanten.

Rechts:
Im südlichen Teil der Insel
Elephantine werden um-
fangreiche Ausgrabungen
durchgeführt, seit 1969
auch von Wissenschaftlern
des Deutschen Archäo-
logischen Instituts.
Elephantine stand unter

Oben:
Assuan verfügt über
ausgedehnte Steinbrüche
südlich des Stadtgebiets.
Ihr Rosengranit wurde
von der 6. Dynastie bis in
die griechisch-römische
Epoche ausgebeutet.
Im nördlichen Teil kann
ein unvollendeter Obelisk
besichtigt werden,
der in fertigem Zustand
1200 Tonnen schwer und
36 Meter hoch wäre.

dem Schutz des widder-
köpfigen Gottes Chnum
und seiner Gattin Satet.
Neben Resten ihrer Tempel
konnte auch eine Siedlung
freigelegt werden, deren
Gebäude aus Nilschlamm-
ziegeln errichtet wurden.

HIEROGLYPHEN –
EINE GÖTTLICHE EFINDUNG

Auge, Feder, Skarabäus, Fuß, Knoten, Vögel, Wellenlinien: »Heilige Inschriften« nennen wir sie, das nämlich bedeutet das griechische Wort »Hieroglyphen«. Die alten Ägypter sahen in der Schrift ein Geschenk des Gottes Thot, der sie erschaffen und den Menschen zur Verfügung gestellt hatte. Die nachweisbar ältesten Hieroglyphen stammen aus dem 3. Jahrtausend vor Christus. Zuletzt verwendet wurden sie vermutlich für eine Inschrift, die aus dem Jahr 394 nach Christus stammt. Heute kennt man etwa 6000 Schriftzeichen, denn im Lauf der altägyptischen Geschichte kamen von Generation zu Generation immer neue Hieroglyphen dazu, während die bereits vorhandenen Zeichen als heilig verehrt und daher übernommen wurden.

Schon bevor sie in der Neuzeit entziffert werden konnten, faszinierte die Schönheit der Hieroglyphen die Betrachter. Dem Franzosen Jean François Champollion gelang es schließlich im Jahr 1822 nach 13-jähriger Arbeit am Stein von Rosette, das System dieser Schriftzeichen zu verstehen. Obwohl die meisten Hieroglyphen ein Lebewesen oder einen Gegenstand darstellen, sind sie keine Bilderschrift im eigentlichen Sinne, sondern zugleich auch Buchstaben- und Silbenzeichen. Unter den Hieroglyphen gibt es kein einziges Vokalzeichen. Bei der Aussprache setzten die Ägypter die Vokale einfach mit ein. Da Altägyptisch aber nun schon seit über zwei Jahrtausenden eine tote Sprache ist, kann die Wissenschaft die Vokale nur andeutungsweise erschließen. So kommen auch die recht unterschiedlichen Übersetzungen ein und desselben Namens zustande: zum Beispiel »Nofretete« im Deutschen und »Nefertiti« im Englischen.

Lesen und Schreiben zu können, war ein Privileg, das Macht und Ansehen verlieh. Der Pharao selbst konnte es vielleicht nicht. So bildeten die berufsmäßigen Schreiber einen einflussreichen Stand in der Gesellschaft. Dieser Position ging ein jahrelanges Studieren voraus.

Papyrus – ein Exportschlager

Die Hieroglyphen wurden meist in Stein oder andere dauerhafte Materialien graviert. Daneben gab es eine kursive Hieroglyphen-Schreibschrift für heilige Texte und das Hieratisch, eine Buchschrift, die überwiegend mit Tinte auf Papyrus geschrieben wurde. Die Papyruspflanze wächst im Sumpfgebiet des Nils. Die etwa vier Meter langen Stiele werden in Stücke geteilt, das Mark in Streifen geschnitten, eingeweicht, kreuzweise übereinander gelegt und gepresst. Die so entstandenen Stücke konnten zu Rollen zusammengeklebt werden. Manche sind bis zu 40 Meter lang. Im 13. Jahrhundert vor Christus verstaatlichte der Pharao den Handel mit Papyrus. Das Schreibmaterial war nämlich damals ein Exportschlager und das Monopol sicherte dem königlichen Hof eine erstklassige Einnahmequelle. Im heißen trockenen Wüstensand blieben viele dieser Schriftwerke über die Jahrtausende erhalten. Sie sind so vielfältig wie heutige Dokumente: Gebete, Legenden und Liebesgedichte, Listen der Könige, Berichte über die Hochzeiten der Pharaonen oder über Schlachten, Gesetze, Kaufverträge, Lehrbücher über Landwirtschaft und Medizin, Kommentare zur Erziehung, Ratgeber für Eheleute bis hin zu Abhandlungen über Astronomie: Schon vor 5000 Jahren führte man, nach genauer Beobachtung der Gestirne, den Sonnenkalender ein und berechnete eine Jahreslänge von 365 1/4 Tagen.

Geschrieben wurde viel. Die Bücher (also die Papyrusrollen) bewahrte man sorgfältig in Bibliotheken auf, die ehrfurchtsvoll »Häuser des Lebens« genannt wurden. Die größte Bibliothek der Welt befand sich in der Antike in Alexandria; sie umfasste über 500 000 Bände. Nicht erst in unseren Tagen erreicht eine altägyptische Handschrift große Auflagen: Das »Ägyptische Totenbuch«, eine seit dem Neuen Reich in Ägypten bekannte Sammlung von Gebeten, Beschwörungen, Zaubersprüchen und Mythen, die sich auf den Tod und die Reise der Seele im Jenseits beziehen, wurde vielen Verstorbenen mit ins Grab gelegt. Es handelte sich dabei vor allem um auf Papyrus geschriebene Texte, die in Ägypten »Pert em hru« – »Hinausgehen ins Licht« – genannt wurden.

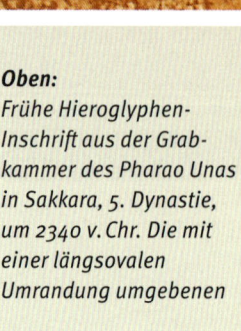

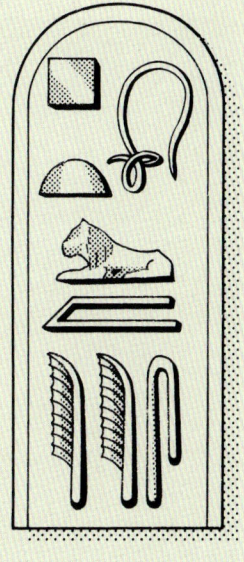

Oben:
Die Kartusche der Kleopatra (links) und des Ptolemaios (rechts), in ägyptischer Schreibung Ptolmys: P (quadratischer Hocker), T (Brot), O (Schlinge), L (Löwe), M (Bildbedeutung unklar), I/J (Schilfblatt, zwei Schilfblätter für lang gesprochenes I) und S (gefalteter Stoff).

Unten:
Mehrere dieser Zeichen – L, I, O, P, T – fand Champollion in der Königskartusche der Kleopatra auf dem Obelisken von Philae wieder und konnte dadurch weitere Zeichen erschließen.

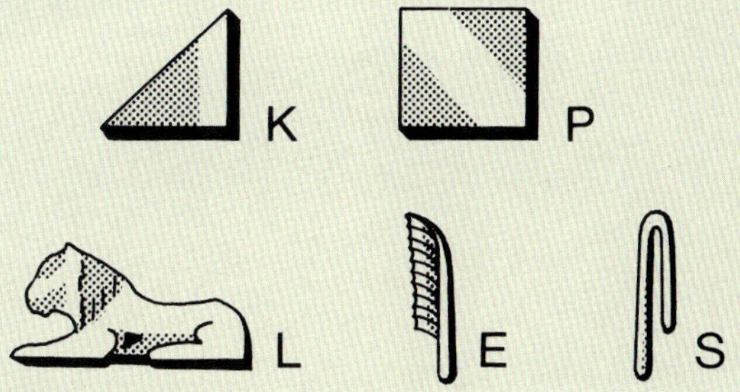

 K
 P
 L
 E
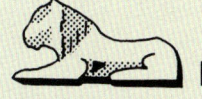 S

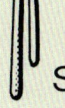

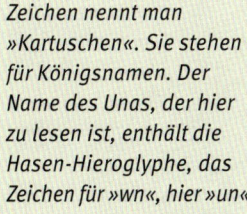

Zeichen nennt man »Kartuschen«. Sie stehen für Königsnamen. Der Name des Unas, der hier zu lesen ist, enthält die Hasen-Hieroglyphe, das Zeichen für »wn«, hier »un«.

Rechts:
Jean-François Champollion (1790–1832), der im Alter von 32 Jahren den Stein von Rosette entzifferte.

Rechts:
Inschrift am Hathor-Tempel der Nefertari in Abu Simbel. Die beiden Kartuschen stehen für Ramses II. und zeigen zwei der zahlreichen Schreib-varianten seines Namens.

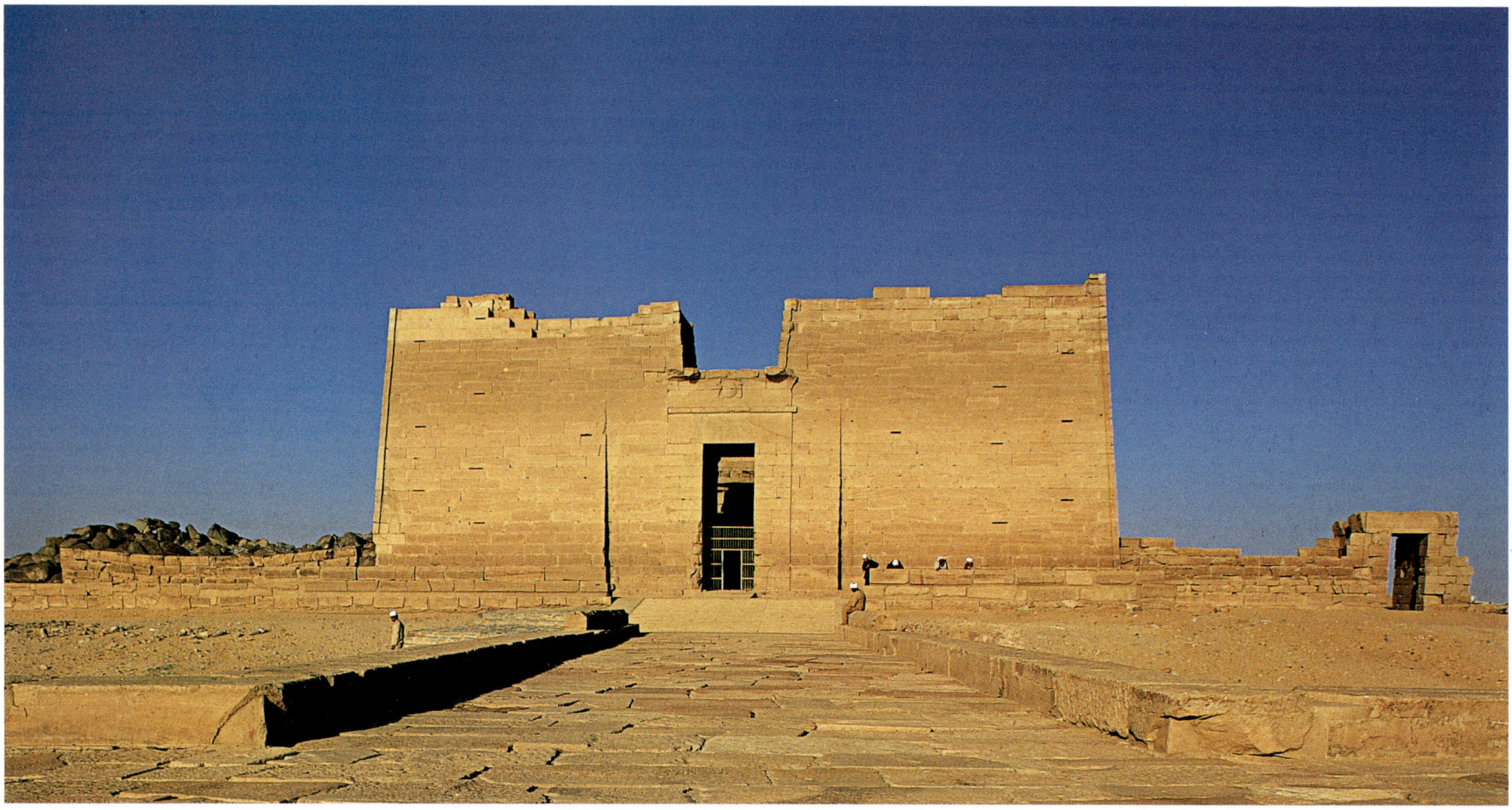

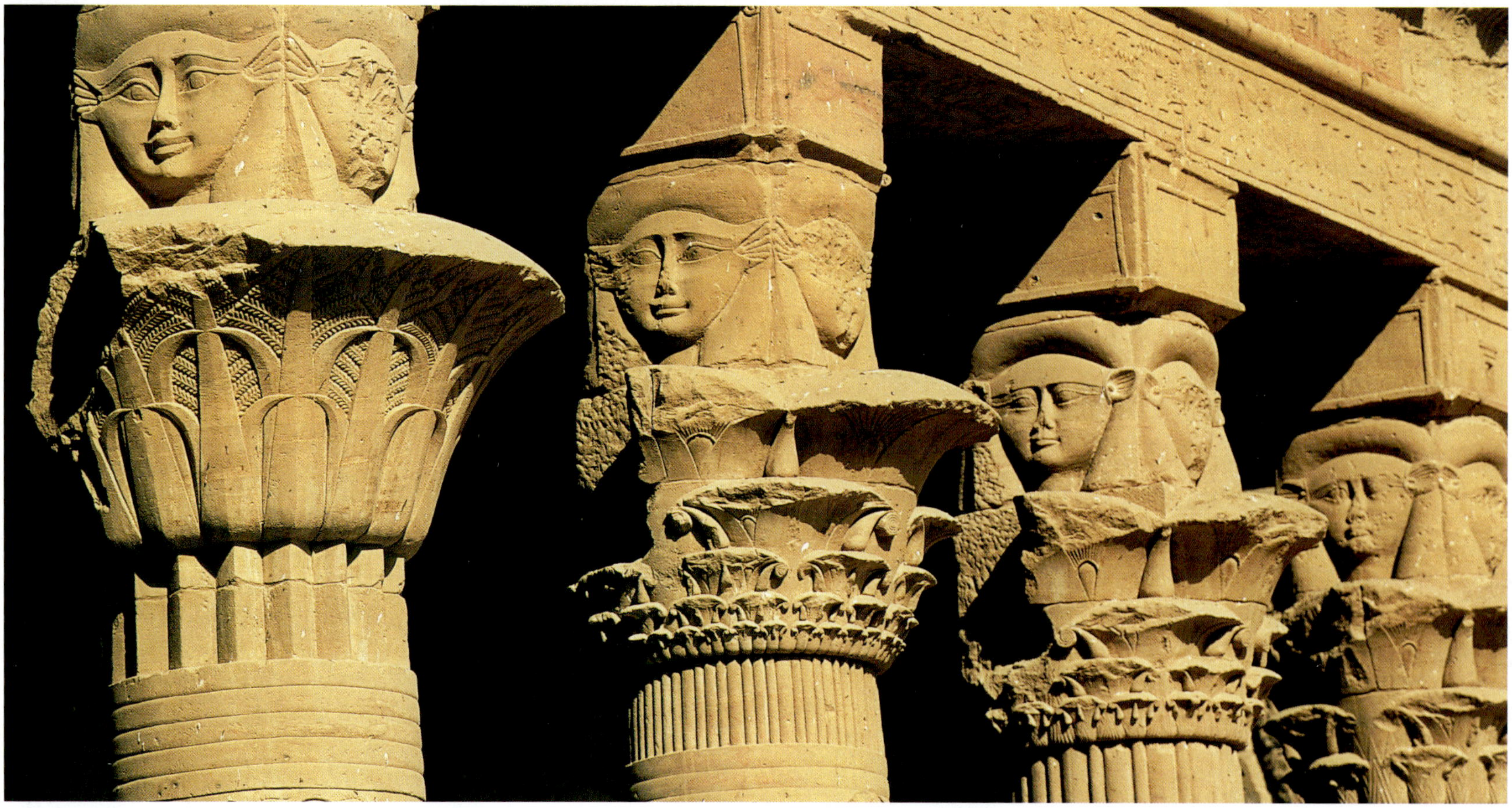

Links:

Am Ufer des Nils zwischen Assuan und Abu Simbel befanden sich zahlreiche Tempelanlagen, die nach der Erbauung des Assuan-Hochdamms im Nasser-Stausee unterzugehen drohten. Unter der Schirmherrschaft der UNESCO

wurden einige davon abgetragen und in den Museen von Berlin, Leiden, Madrid, New York und Turin wieder aufgebaut, andere wurden abgebaut und versetzt, so wie hier der Mandulis-Tempel von Bab el-Kalabscha.

Auf der nur etwa 460 x 150 Meter großen Insel Philae im Süden von Assuan lag eine ganze Tempelstadt. Der Haupttempel von Philae ist der Göttin Isis und ihrem Sohn geweiht. Er stammt aus dem 3.–1. Jahrhundert v. Chr. Als Gottesmutter des Horus

war Isis so populär, dass sich ihr Kult länger als der aller anderen altägyptischen Gottheiten halten konnte. Erst im 6. Jahrhundert n. Chr. wurde ihr Heiligtum endgültig geschlossen und teilweise zu einer christlichen Kirche umgestaltet.

Links:

Die Tempelanlage von Philae, hier die Säulen am Großen Kiosk des Trajan, wurde im 1./2. Jahrhundert n. Chr. errichtet. Seit dem Bau des ersten

Assuan-Staudamms war Philae für einen Teil des Jahres überflutet; nach dem Bau des Hochdamms drohte die Insel vollends zu versinken. Man baute

nahezu die gesamten Tempelanlagen ab und setzte sie auf die Insel Agilkia um, die zu diesem Zweck eingeebnet und aufgeschüttet wurde.

Seite 106/107:
Die Fassade des Großen Tempels von Abu Simbel mit den vier kolossalen Sitzfiguren Ramses' II. Zwischen den Füßen des Königs stehen die Statuen seiner Mutter, seiner

Gattin Nefertari und einiger seiner Kinder. Vor dreitausend Jahren ließ der Pharao diesen Haupttempel und daneben den kleineren Hathor-Tempel errichten.

Im Allerheiligsten des
Großen Tempels von
Abu Simbel, dessen
Gesamtlänge 63 Meter
beträgt, befinden sich
vier in den Fels gehauene
sitzende Statuen: der
Schöpfergott Ptah von
Memphis, der Reichsgott
Amun-Re von Theben,
der vergöttlichte Pharao

Ramses und der Sonnen-
gott Re-Harachte von
Heliopolis. Zweimal im
Jahr, zwei Monate vor und
zwei Monate nach der
Wintersonnenwende,
erreichen die Strahlen der
Sonne für zwanzig Minuten
drei der Figuren. Nur Ptah,
der auch der Gott der
Dunkelheit ist, bleibt in
der Finsternis.

Ganz unten:
Der Eingangssaal des
Großen Tempels von Abu
Simbel. Auf beiden Seiten
stellen je vier zehn Meter
hohe Pfeiler den Pharao
in Gestalt des Osiris dar.
In der südlichen Reihe
trägt Ramses II. die weiße
Krone Oberägyptens,
in der nördlichen die rote
Krone Unterägyptens.

Rechts:
Der Hathor-Tempel
von Abu Simbel, auch
Kleiner Tempel der
Nefertari genannt. Er
wurde etwas nördlich vom
Großen Tempel errichtet.
An der Fassade stehen
Kolossalfiguren des

Pharaos Ramses II.
und seiner Gemahlin
Nefertari, die durch ihren
Kopfschmuck mit
Kuhgehörn und Sonnen-
scheibe als irdische
Erscheinung der Göttin
Hathor dargestellt ist.
Die Wandreliefs im

Inneren des Tempels
zeigen den König bei
der Niederschlagung
der Feinde und bei der
Tötung von Kriegs-
gefangenen, und das
Königspaar bei
verschiedenen
Kulthandlungen.

Ägypten liegt nicht nur am Nil

Das Katharinenkloster liegt in 1540 Meter Höhe inmitten einer eindrucksvollen Gebirgslandschaft auf der Südspitze der Halbinsel Sinai. Es wurde in der Mitte des 6. Jahrhunderts erbaut und ist von einer hohen Mauer umgeben, sodass es eher einer Festung gleicht. Seit dem 16. Jahrhundert ist es ein selbstständiges Erzbistum der griechisch-orthodoxen Kirche. Berühmt ist die umfangreiche Handschriftensammlung des Klosters (nur die Vatikanbibliothek besitzt mehr) und die zahlreichen prächtigen Ikonen. Über 2000 dieser Heiligenbilder bilden eine weltweit einmalige Sammlung. Seit 2002 gehört das Kloster zum UNESCO-Weltkulturerbe.

Drei Viertel der Fläche Ägyptens werden von der Libyschen Wüste bedeckt, der Sahara. Diese Sandwüste mit dem Charakter eines kahlen Tafellandes wird von nicht endenden, oft hundert Meter hohen Dünen durchzogen. Hunderte Kilometer westlich des Nils zieht sich durch die Wüste die fast schnurgerade Staatsgrenze zu Libyen. Mehr als tausend Kilometer südlich vom Mittelmeer – bereits hinter dem Nördlichen Wendekreis – schließt sich im rechten Winkel die Grenze zum Sudan an. Im Grenzgebiet beider Staaten sind die Nubier zu Hause, ein Volk, das sowohl in Ägypten als auch im Sudan nur noch als Minderheit existiert.

Mitten in der unwirtlichen Wüste blüht es: Die Oasen Siwa, Bahariya, Farafra, Dakhla oder Kharga muten wie Abbilder des Paradieses an. Diese Oasen sind keineswegs verlassene Wasserflecken für Kamelkarawanen, sondern Orte intensiver landwirtschaftlicher Nutzung: Felder und Haine bringen reiche Frucht.

Jenseits des Nils: wiederum Wüste – die Arabische. Sie ist bis zu 2187 Metern hoch und fällt zum Roten Meer hin streckenweise in steiler Stufe ab. Am Roten Meer ziehen die Strände sonnenhungrige Badegäste an, vor allem aber Taucher, die sich an den atemberaubenden Korallenriffen erfreuen.

Das Rote Meer teilt sich dann an der Sinaihalbinsel nordwärts in den Golf von Suez, dessen Verlängerung – der Suezkanal – ins Mittelmeer führt, und in den Golf von Akaba. Der Sinai fasziniert durch seine zerklüftete Gebirgslandschaft. Mit über 2600 Metern erhebt sich der Gebel Katarina als höchster Punkt Ägyptens.

Seite 112/13:
Im Morgengrauen auf dem Gebel Musa, dem Moses-berg. Er gilt als der Berg, auf dem Moses die Gesetzestafeln empfing.

Über einen Weg östlich des Klosters oder über 3000 in den Fels ge-schlagene Treppenstufen kann man den 2285 m hohen Gipfel ersteigen.

Unten:
Das Kloster Deir el-Suriani ist das bedeutendste koptische Kloster und liegt im Wadi Natrun auf halbem Weg zwischen

Kairo und Alexandria. Deir el-Suriani bedeutet »Kloster der Syrer« und geht auf syrische Kaufleute zurück, die es Anfang des 8. Jahrhunderts erwarben.

Sie brachten dort eine Gemeinschaft von Mönchen aus ihrer Heimat unter, die bis ins 16. Jahr-hundert bestand.

Kleine Bilder rechts:
Koptische Mönche von St. Bischoi beim Morgengebet. Das Kloster St. Bischoi (Deir Amba Bishoi) liegt ebenfalls im Wadi Natrun. St. Bischoi gilt als einer der bedeutendsten christlichen Heiligen Ägyptens. Zwischen 385 und 390 soll hier die erste Kirche erbaut worden sein. 1960 wurde das Kloster gerade noch von 12 Mönchen bewohnt, heute sind es wieder etwa zehnmal so viele. Die Kirche, die oft restauriert wurde, ist heute ein koptisches Museum.

Kleine Bilder rechts:

El-Arish ist die größte Stadt der Halbinsel Sinai und die Hauptstadt des Nord-Sinai. Sie liegt an der Mittelmeerküste, nicht weit vom Gaza-Streifen, und ist in den letzten Jahren auf 115 000 Einwohner angewachsen. Eine große Attraktion ist das Kamelrennen in El-Arish (oben), das in einem Beduinen-Festzelt entsprechend gefeiert wird (Mitte).Der Verkaufsstand mit Melonen bei der großen Moschee sorgt für das leibliche Wohl (unten).

117

Unten:
Die Hauptattraktion der Stadt Daraw südlich von Kom Ombo ist der wöchentlich stattfindende traditionsreiche Kamelmarkt, auf den bis zu 2000 Kamele gebracht werden, die meisten davon aus dem Sudan.

Rechts:
Ernte des Zuckerrohrs, welches das ganze Jahr über angebaut werden kann. Landwirtschaftliche Arbeiten werden immer noch überwiegend von Hand ausgeführt, da die Parzellen für eine maschinelle Bewirtschaftung meistens zu klein sind.

Seite 120/121:
Sharm El-Sheikh wartet auf seine zahlreichen Badegäste ... Der Ort hat sich in den letzten Jahren zu einem beliebten Ziel für Wassersportbegeisterte entwickelt. Im Herzen liegt die Bucht von Naama: Hier kann man baden, tauchen und schnorcheln oder einfach den Blick auf Meer und Himmel genießen.

Rechts:
Der große Salzwassersee Birket-el-Karun im Faiyum. Das Faiyum ist eine 18 000 Quadratkilometer große Senke in der Libyschen Wüste, die vor Millionen Jahren zur Gänze ein See war. Heute ist dieser See auf ein Zehntel seiner ursprünglichen Ausdehnung geschrumpft. Die alten Ägypter nannten ihn Pa Yom, »das Meer«, wovon sich der Name der Provinz herleitet.

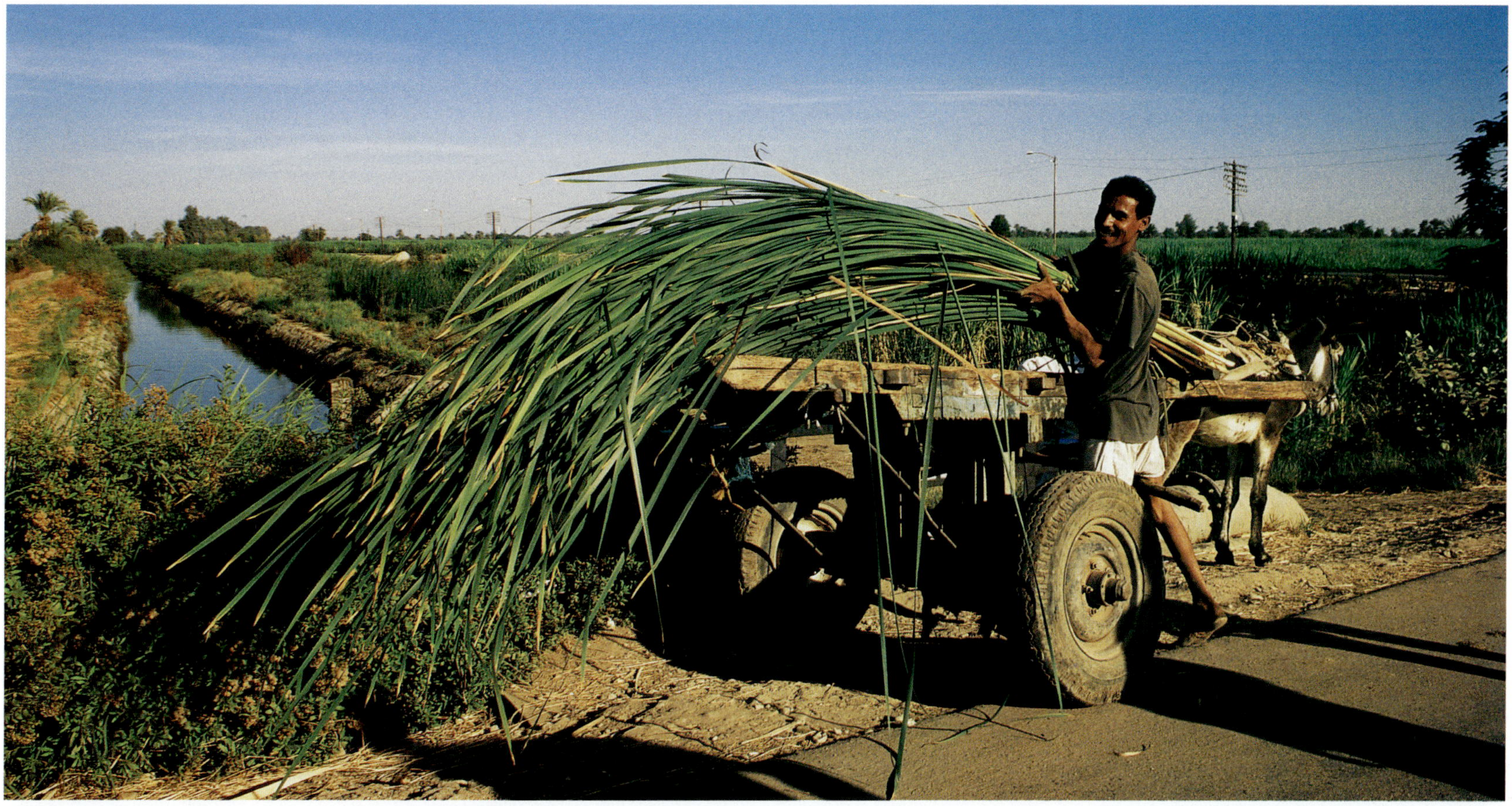

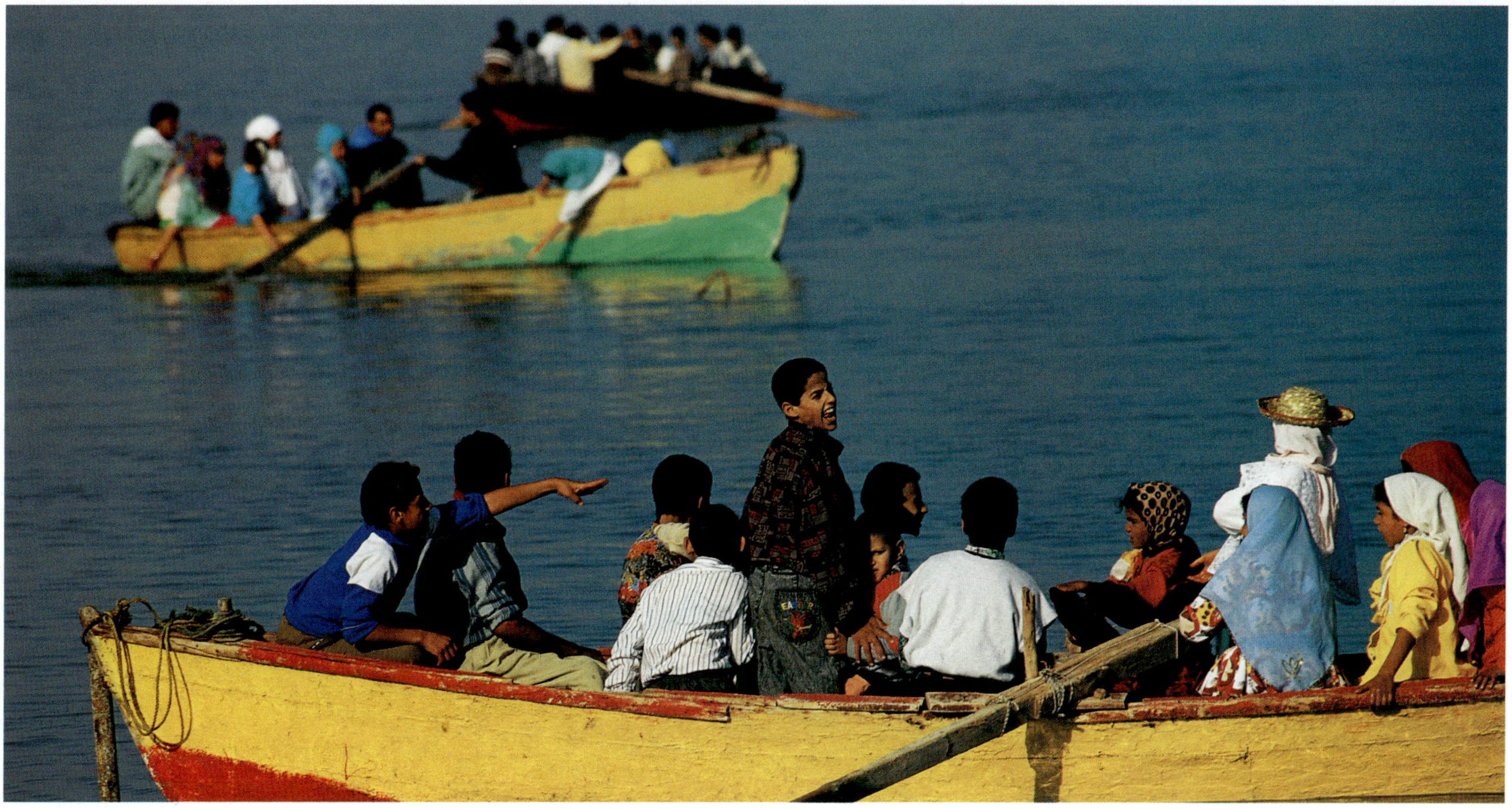

Links oben:
Der mit dem Delfin
schwimmt. Der stumme
Abdallah aus Nuweiba
lässt sich von seinem
Delfin-Freund Olin durchs
Wasser ziehen.

Esoterisches und
therapeutisches Delfin-
Schwimmen ist in den
letzten Jahren zu einem
florierenden Geschäft
geworden.

Links Mitte:
Ausfahrt zu einem Koral-
lenriff bei Hurghada am
Roten Meer im Süden
der Halbinsel Sinai. Immer
mehr Urlauber suchen
in Ägypten nicht nur
Pyramiden und Tempel,

sondern Sonne, Sand und Meer. Taucher, Surfer und Badegäste finden an den Küsten des Roten Meeres auch im Winter noch 20 Grad warmes Wasser vor.

Links unten:
Tauchen bei Sharm El-Sheikh, Ort der Friedensverhandlungen zwischen Israelis und Palästinensern.

Unten:
Surfen vor der wildromantischen Felsenkulisse bei Dahab am Golf von Akaba. Der Ort wurde von Israelis errichtet, als der Sinai unter israelischer Herrschaft stand.

Seite 124/125:
Auf 163 Kilometern Länge zieht sich der Suezkanal von Port Said bis zur Stadt Suez mitten durch die Wüste und verbindet so Mittelmeer und Rotes Meer. Nur ein kleiner Streifen grüner Vegetation umsäumt den Kanal – vom Land gesehen scheinen die Schiffe von einem unsichtbaren Faden durch die Wüste gezogen zu werden.

Der Begriff »Oase« mag Vorstellungen wecken von einem Büschel Palmen, die aus den Dünen auftauchen, einer Wasserstelle und einigen Hütten ... Die Oase Siwa, 500 Kilometer westlich vom Nil nahe der libyschen Grenze gelegen, ist aber ein ausgedehntes Siedlungsgebiet, das von etwa 23 000 Menschen bewohnt wird, und das eine große Zahl von Seen und über 300 Quellen mit Trink- und Heilwasser besitzt. Die Einwohner sind Nachkommen der Berber und sprechen einen Berberdialekt.

Linke Seite:
Die befestigte Stadt Shali in der Oase Siwa wurde 1203 gegründet, nachdem nur 40 Oasenbewohner einen Beduinenangriff überlebt hatten. Die gewundenen Gassen der Altstadt mit ihren Bauten aus Kharshif, getrocknetem Salzschlamm, sind seit 1926 verlassen, als drei Tage lang so starke Regenfälle fielen, dass sie unbewohnbar wurden.

Oben:
Die Festung der verlassenen Stadt Shali wurde im Mittelalter erbaut.

Unten:
Grabkapelle von Bagawat, Oase Kharga. Die Oase Kharga liegt 200 Kilometer westlich von Luxor. 2,5 Kilometer nordwestlich von Kharga, in El-Bagawat, befindet sich eine Nekropole, eine Totenstadt aus 120 nestorianischen Grabkapellen. Die Nestorianer waren eine christliche Gemeinschaft, die vom Patriarchen Nestorius von Konstantinopel im 5. Jahrhundert n. Chr. gegründet worden war. Er war wegen seiner Lehre des Amtes enthoben worden und zog sich daraufhin in die Wüste zurück.

Rechts oben:
Die Oase Bahariya, »die Nördliche«, 360 Kilometer von Kairo entfernt, ist von Wüste umgeben.

Rechts Mitte:
Lange Zeit nahm man an, in Bahariya und der umgebenden Wüste gebe es nur wenige nennenswerte archäologische Zeugnisse. 1996 gelang die spektakuläre Ent-

deckung des »Tals der goldenen Mumien«. In vier Gräbern fand man 105 Mumien, die meisten aus der Ptolemäerzeit. Hier: Ausgrabungsfunde vom April 2000.

Rechts unten:
Die Ausgrabungen in der Nähe von Bahariya werden unter der Leitung Dr. Zahi Hawass' durchgeführt. Die vergoldete Mumienmaske liegt bereits im Museum in Bahariya.

Rechte Seite:
Piste in der Wüste bei der Oase Siwa, die in die Unendlichkeit des Sandmeers zu führen scheint.

Zwischen den Oasen Farafra und Bahariya in der »Weißen Wüste« gibt es gewaltige Kalksteinformationen von reinem Weiß, deren bizarre Formen an zerstörte Kolossalstatuen erinnern.

Eine Oase wie aus dem Bilderbuch – ein Palmenhain in der Oase Bahariya.

Seite 132/133:
Die Kalkgebilde in der »Weißen Wüste« wurden von Wind und Sand, vielleicht auch einmal Wasser, in Millionen von Jahren in ihre einzigartigen Formen gemeißelt. Seit 2002 ist die Wüste Nationalpark und somit Schutzgebiet.

REGISTER

Relief am »Barkenschrein« im großen Hof Ramses' II., im Tempel von Luxor. Als Ramses II. den Erweiterungsbau anlegen ließ, wurde diese bereits vorhandene Kultstätte aus der Zeit Hatschepsuts in den Säulenhof integriert.

Impressum

Buchgestaltung
hoyerdesign grafik gmbh, Freiburg
www.hoyerdesign.de

Karte
Fischer Kartografie, Aichach

Bildnachweis
Alle Bilder von Axel Krause mit Ausnahme von: Schutzumschlag vorne, S. 60/61 und S. 132/133: iStockphoto/Jan Rihak; S. 44 oben: wikimedia commons/Diaa Mekky (Lizenz: cc-by-sa 4.0); S. 44/45 unten: wikimedia commons/Olaf Tausch (Lizenz: cc-by-sa 3.0); S. 88/89 Mitte: Dieter Krause; S. 94/95: iStockphoto/Adrian Lindley; S. 124/125: iStockphoto/Adrian Beesley.

Printed in Italy
Repro: Artilitho snc, Lavis-Trento, Italien
www.artilitho.com
Druck und Verarbeitung: Grafiche Stella srl, Verona, Italien
www.grafichestella.it
© 2. Auflage 2020 Verlagshaus Würzburg GmbH & Co. KG
© Fotos: Axel Krause
© Georg Schwikart

ISBN 978-3-8003-4337-9

Unser gesamtes Programm finden Sie unter:
www.verlagshaus.com